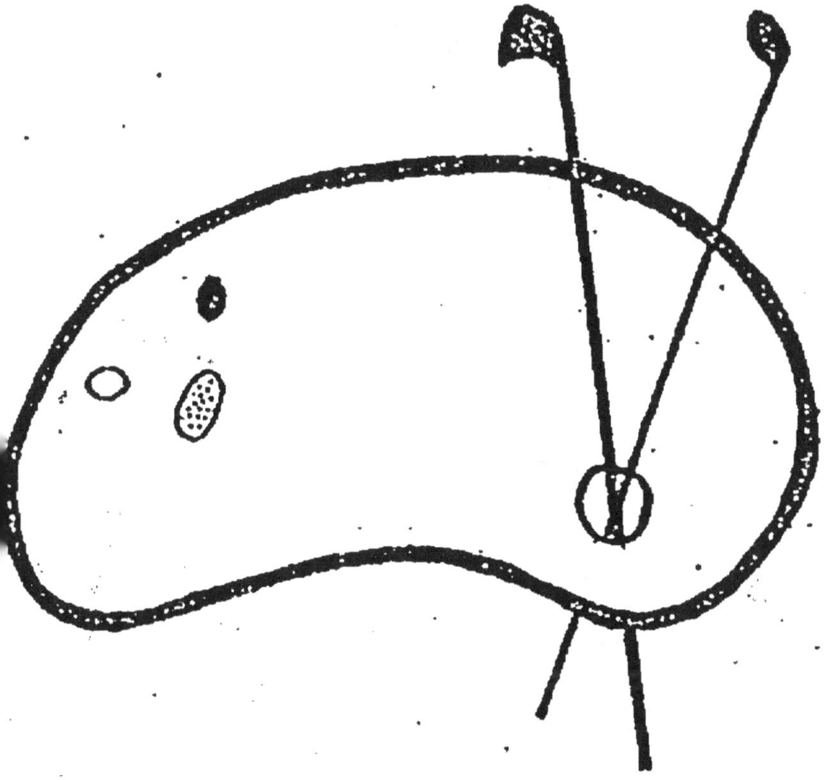

DEBUT D'UNE SERIE DE DOCUMENTS
EN COULEUR

LA JEUNE FILLE

AU PENSIONNAT

PAR

L'Abbé J. KNELL

DU DIOCÈSE DE LA ROCHELLE

LIBRAIRIE RELIGIEUSE H. OUDIN

PARIS
10, RUE DE MÉZIÈRES

POITIERS
RUE DE L'ÉPERON, 4

1894

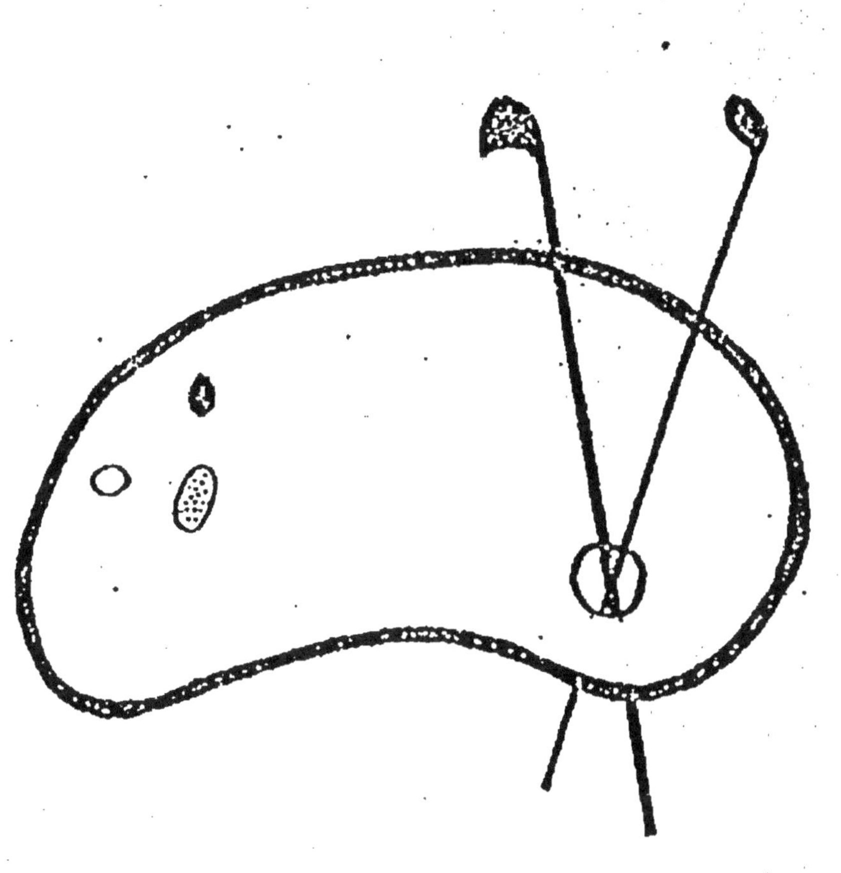

FIN D'UNE SERIE DE DOCUMENTS
EN COULEUR

LA JEUNE FILLE AU PENSIONNAT

LA
JEUNE FILLE
AU PENSIONNAT

PAR

M. L'ABBÉ J. KNELL

DU DIOCÈSE DE LA ROCHELLE

LIBRAIRIE RELIGIEUSE H. OUDIN

PARIS | POITIERS
10, RUE DE MÉZIÈRES | RUE DE L'ÉPERON, 4

1894

A

LA MÉMOIRE

DE

MÈRE ANNE-MARIE

———

AUX MAITRESSES

ET

AUX ÉLÈVES

DU

PENSIONNAT DU SAINT-SACREMENT

A

AIGREFEUILLE

(Charente-Inférieure)

LA
JEUNE FILLE AU PENSIONNAT

I

LA RUCHE

Mes chères Enfants,

Avez-vous vu parfois ce petit royaume où s'agite un peuple ailé, bourdonnant, plein d'activité, qui nous donne la cire qui brûle sur l'autel et le miel qui réjouit nos tables, royaume gracieux et charmant qu'on appelle une ruche ?

Ce Pensionnat, où vous êtes élevées, m'apparaît comme une grande ruche dont vous êtes les gentilles abeilles.

Or, l'abeille est laborieuse. Levée de bonne heure, elle est déjà dans les jardins ou dans les champs au moment où la fleur, qui sommeillait sous la rosée pénétrante, s'éveille, et, aux premiers rayons du soleil qui la frappent, laisse aller tout ce qu'elle a de meilleur.

Sans perdre un instant, l'abeille puise à cette petite source où le miel vient goutte à goutte.

A midi, dans la chaleur, restera-t-elle inactive? Oh! non : elle est trop avare de son temps. Le hâle et la sécheresse ont tari les fleurs de la plaine. Mais celles des bois, abritées par de fraîches ombres, celles des ruisseaux murmurants, des muets et profonds marais, ont leur coupe pleine. L'abeille s'en va les visiter pour y chercher son doux trésor.

Puis, quand vient l'heure qui précède le soir, quand la fleur, caressée du dernier soleil dont elle garde en soi la tiédeur, humectée dans sa corolle de la brume légère qui déjà blanchit, laisse éclater ses étamines, secoue ses nuages d'encens, l'abeille est là, recueillant cette poussière parfumée dont elle fera son miel.

Ainsi, à quelque heure du jour que vous les visitiez, vous trouvez les abeilles occupées. Les unes partent pour le travail et se mettent intrépidement en campagne ; les autres reviennent chargées de leur butin. Celles-ci élaborent la cire, la préparent habilement ; celles-là déposent le miel dans l'intérieur des alvéoles. Partout, c'est la vie, partout, c'est l'activité, partout le va-et-vient empressé d'un peuple laborieux qui se ferait scrupule de ne pas employer consciencieusement son temps.

Tel est, je n'en doute pas, l'aspect que va offrir, pendant ces dix mois, cette école, véritable ruche intellectuelle. Abeilles actives et diligentes, vous irez avec ardeur dans le jardin des études profanes; vous vous reposerez sur ces fleurs qui se nomment la gram-

maire, l'histoire, la géographie, l'arithmétique, la littérature, vous y puiserez les sucs abondants avec lesquels se compose le miel de la science.

A chaque être, Dieu donne les outils nécessaires
pour faire l'ouvrage auquel il est destiné. L'abeille
porte en avant, au dehors de sa bouche, une trompe
très allongée qu'elle plonge jusqu'au fond du calice
des fleurs pour en retirer les sucs. Ce sanctuaire intime, que la fleur avait fermé à la poussière, aux
vents, aux regards, l'abeille pourra ainsi y pénétrer.
De plus, ses jambes ont des poils qui font l'office de
brosses. Par le moyen de ces brosses, l'insecte ra-
masse la poussière des étamines et, lorsqu'elles en
sont bien chargées, il la réunit en une petite pelote à
l'aide de ses pieds, et la fixe dans un enfoncement
pratiqué sur ses jambes et que les naturalistes appellent la corbeille.

Dieu vous a pourvues aussi, mes chères Enfants,
d'instruments merveilleux qui doivent servir à l'acquisition de la science. Il vous a donné l'intelligence,
sorte de tarière destinée à creuser, à pénétrer, à aller
chercher la moelle des choses ; car on vous a peut-
être fait remarquer la philosophie du mot intelligence. Intelligence, dans son étymologie latine, veut
dire lire en dedans, *intelligere, intus legere.*

A l'intelligence, Dieu a joint une faculté précieuse,
remarquable surtout à votre âge, la mémoire. Que fe-
rions-nous sans la mémoire ? Ce que nous aurions ramassé de côté et d'autre dans nos excursions litté-

raires ou scientifiques, se perdrait vite en chemin. Heureusement, la mémoire existe, Dieu nous en a fait don : c'est la corbeille où nous entassons le produit de nos recherches, et où nous saurons les trouver quand le besoin s'en fera sentir.

Il ne suffit pas à l'abeille, si merveilleusement douée, de recueillir les sucs des plantes ; il faut qu'elle les travaille, il faut qu'elle les transforme, et ce n'est qu'au prix de ce travail, au prix de cette transformation, que ces sucs deviendront le miel.

De même, il ne suffirait pas de lire les livres et de les comprendre, d'écouter les enseignements de vos maîtresses, de confier des pages nombreuses à votre mémoire ; il faut entrer dans ces cellules intérieures, il faut distiller ces sucs, il faut les pétrir, les travailler, et ce travail se fait par la réflexion.

Oui, mes chères Enfants, malgré la mobilité de vos jeunes esprits, malgré la légèreté de votre âge, vous ne vous instruirez vraiment qu'en vous rendant compte des choses, en les faisant passer en votre substance. Ce n'est pas ce qu'on absorbe, c'est ce qu'on digère qui nourrit. La réflexion est la digestion de l'esprit.

Si les abeilles déploient une telle activité, c'est qu'elles pensent à l'avenir. Sages et prévoyantes, elles travaillent l'été et mettent en réserve pour l'hiver d'abondantes provisions.

A l'exemple de l'abeille, pensez à l'avenir qui vous attend. Il faudrait être insensé pour ne voir que le moment présent et ne pas s'occuper de ce qui suivra. Ce qui vous est enseigné ici vous sera d'une utilité incontestable partout, quelle que soit la position où il plaira à la Providence de vous placer. Dans tous les rangs de la société, même dans les rangs les plus modestes, il est nécessaire de savoir lire, écrire, calculer, tenir le compte de ses dépenses. Et si, allant au delà de ces notions élémentaires et indispensables, on vous donne des connaissances variées en histoire, en géographie, en sciences naturelles, chacun y applaudira. Il serait en effet regrettable et humiliant que votre horizon intellectuel se renfermât dans la science du pot-au-feu et des soins du ménage, quoique, à mon humble avis, cette dernière science-là ne soit pas à dédaigner et doive même occuper une place principale dans votre vie.

Apprenez donc maintenant : c'est au jeune âge qu'il faut faire ses provisions. C'est quand le soleil échauffe la terre de sa douce chaleur, pendant que les fleurs ouvrent leur calice embaumé, qu'il faut amasser le miel dans votre ruche. L'hiver viendra plus vite que vous ne pensez ; les rayons du soleil auront moins de chaleur et d'éclat, le calice des fleurs perdra ses parfums et jonchera la terre de ses corolles desséchées : alors il ne serait plus temps de chercher le butin pour vos âmes.

Deux choses surtout nuisent grandement aux abeilles : le vent et le froid.

Le vent, quand il est violent, agite ces petites nautonières de l'air, les étourdit, les emporte souvent si loin qu'elles ne peuvent plus reconnaître le chemin de la ruche. D'autres fois même, leurs ailes, si frêles et si délicates, se froissent, se déchirent, et, comme des barques désemparées, les abeilles sont ballottées en tous sens et finissent par faire un triste naufrage... dans la poussière.

Le vent à craindre pour vous, mes chères petites abeilles, c'est la dissipation. Quand la dissipation souffle sur une jeune âme, adieu le travail, adieu l'application, adieu les succès des études. Que la maîtresse se fatigue à donner des explications, qu'elle s'ingénie de mille manières à préparer les progrès : soins inutiles, peines perdues, quand l'enfant est dissipée.

Il fallait remédier au danger. Les auteurs qui ont écrit sur les abeilles, ont recommandé d'abriter les ruches, de les garantir contre le vent par des arbustes touffus, par des palissades ou quelque construction. Pour vous protéger contre la dissipation, vous avez la surveillance exercée par vos excellentes maîtresses, surveillance maternelle, toute dans vos intérêts. Ne seraient-elles pas insensées les abeilles qui voudraient qu'on arrachât la palissade, qu'on détruisît les arbres, sous prétexte que leur horizon serait plus vaste ? Est-ce que le premier ouragan ne viendrait pas leur prouver leur folie ? La surveillance de vos maîtresses est l'arbuste verdoyant et fleuri destiné à vous environ-ner et à vous abriter.

Le froid nuit aussi extrêmement aux abeilles, il les

jette dans l'engourdissement. Aussitôt donc que l'été a disparu avec la chaleur, quand la bise est venue, quand souffle le méchant vent du Nord, plus de travail, plus d'activité dans la ruche : c'est un sommeil léthargique qui y règne, et, si le froid redouble, s'il pénètre plus avant, l'abeille périt.

L'hiver pour vous, mes bien chères Enfants, le vilain hiver qui décolorerait tout, ce serait le péché. Non seulement le péché compromet votre avenir éternel, il nuit grandement à vos études. Vous semez, mais il vous faut la rosée du ciel, et le péché, vous rendant désagréables à Dieu, fait le ciel d'airain et l'empêche de vous envoyer sa rosée bienfaisante. D'ailleurs, pour travailler avec goût, avec ardeur, il faut n'avoir rien qui tourmente, il faut être calme, il faut être heureux ; or le péché assombrit l'âme, il répand dans l'intérieur je ne sais quelle teinte obscure et triste. L'âme criminelle est à elle-même son propre bourreau, a dit saint Augustin; et ces souffrances profondes, intimes, du remords enlèvent le courage, détournent du travail.

A des enfants aussi bonnes, aussi bien élevées que vous l'êtes, je ne veux pas signaler un vice qui, plus que tous les autres, paralyse les forces de l'esprit, détruit la mémoire, porte à la paresse, rend incapable de toute application intellectuelle, parce qu'il ravale l'âme, la rabaisse vers la terre en l'absorbant dans le plaisir des sens. Je vous dirai seulement: Voulez-vous conserver à votre cœur toute sa délicatesse charmante, à votre intelligence toutes ses forces vives, à votre

volonté toute son énergie, à votre physionomie toute
sa fraîche amabilité, continuez à être toujours modestes et pures.

C'est vers vous, ô Esprit-Saint, que nous nous tournons au moment où vont commencer les travaux de
la nouvelle année. Venez à notre prière, *veni, Creator
Spiritus*. Venez visiter ces jeunes intelligences pour
leur communiquer cette perspicacité, cet entrain,
cette persévérance nécessaires au succès des études,
mentes tuorum visita. Eloignez de ces chères enfants le
péché, ennemi cruel, qu'il faut chasser à toute force,
Hostem repellas longius. Donnez-leur la gaîté franche
et rieuse de leur âge; mais écartez la dissipation qui
troublerait tout, *pacemque dones protinus*. Esprit d'intelligence, dirigez ces intelligences dans leurs travaux.
Esprit de sainteté, guidez ces chères âmes dans les
sentiers de la vertu, afin que, sous votre divine conduite, rien ne souffre, mais que tout prospère, *ductore
sic te prævio vitemus omne noxium*. Amen.

II

LE RÉGLEMENT

Mes chères Enfants,

Dieu a posé des lois partout dans la création. Les plantes et les animaux naissent, vivent et se reproduisent, mais selon certaines règles. Les astres roulent dans les espaces, mais d'après certaines lois, et si, un jour, ces astres, doués tout à coup d'intelligence et de liberté, refusaient de suivre le sentier tracé d'avance pour chacun d'eux par la main de leur Auteur, il se ferait là-haut un bouleversement épouvantable.

De même, tout empire a son code qui le régit, toute ville a ses arrêtés et ses lois particulières ; tout Ordre religieux, ses constitutions ou ses règles ; toute société, ses statuts ; toute administration, ses règlements ; en un mot, partout où plusieurs personnes vraiment raisonnables sont réunies, il y a des lois, des règlements, et c'est de leur observation que dépendent pour tous la sécurité, le bon ordre, la prospérité.

Aussi, au sortir de vos familles, à peine aviez-vous franchi le seuil de cette maison bénie, qu'on vous fit connaître tout d'abord l'ordre des exercices, le temps, le lieu consacré à chaque chose, en un mot, le règlement du Pensionnat.

C'est ce règlement qui va faire l'objet de nos entretiens.

Avant d'entrer dans les détails qu'il comporte, puisqu'il embrasse votre temps depuis la première heure du jour jusqu'à la dernière, je sens le besoin de vous montrer aujourd'hui l'importance d'observer ce règlement.

Il y a plusieurs raisons qui vous font connaître l'importance d'observer votre règlement.

La première, c'est que par là vous vous acquittez envers Dieu de tous les devoirs que vous êtes obligées de lui rendre. En effet, vous lui êtes particulièrement obligées à trois titres : comme créatures, comme chrétiennes, comme coupables.

Comme créatures, que ne devez-vous point à Dieu ! Il vous a tirées du néant, il vous a donné votre corps avec ses organes, votre âme avec ses facultés ; chaque jour il vous conserve la vie et la santé, il pourvoit à votre nourriture. Mais, de même que tout vient de lui, tout aussi doit lui appartenir et doit être pour lui.

Comme chrétiennes, vous avez reçu bien des grâces.

Dieu vous a donné son baptême, il a fait de vous ses enfants; Jésus-Christ s'est livré à la mort pour vous racheter; il s'est donné à vous au beau jour de la première communion, et que de fois depuis! Il vous appelle à la participation de son bonheur et de sa gloire au ciel. Tant de grâces vous obligent à une grande reconnaissance.

Enfin, vous avez bien commis quelques péchés pendant votre vie. Saint Augustin, parlant de sa jeunesse, disait: « Je n'étais encore qu'un tout petit enfant et j'étais déjà un grand pécheur. » C'est là l'histoire de plusieurs, et la justice divine demande une satisfaction pour ces péchés.

Eh bien! en vous rendant fidèles au règlement, vous vous acquittez de ces trois sortes de devoirs. N'avez-vous pas remarqué, en effet, qu'il y a trois sortes d'actions dans votre règlement : les unes naturelles et d'elles-mêmes indifférentes, comme les repas, les récréations, le lever, le coucher, etc... ; les autres spirituelles et saintes, comme la messe, la confession, la visite au saint Sacrement ; les autres pénibles, comme les travaux manuels et l'étude? Par les premières actions vous rendez à Dieu ce que vous lui devez comme créatures; car, en cette qualité, vous lui devez les actions naturelles. Par les secondes, qui sont les actions spirituelles et saintes, vous lui rendez ce que vous lui devez comme chrétiennes. Enfin, par les troisièmes vous vous acquittez de ce que vous lui devez comme coupables : vous devez satisfaire à sa justice et vous le faites par les actions pénibles.

J'avais donc raison de dire qu'en observant le règlement vous vous acquittez envers Dieu de tous vos devoirs. Sans doute, plus tard, quand vous serez dans le monde, vous pourrez faire beaucoup d'autres actions plus considérables de leur nature, mais, pour le moment, Dieu ne vous demandera point d'autre chose que ce que le règlement vous prescrit. Tant que vous serez dans la maison, vous n'aurez point d'autre compte à lui rendre : c'est à cela qu'il attache ses grâces et votre progrès dans la vertu.

Le second motif qui vous engage à être fidèles à votre règlement, c'est que de cette sorte vous êtes toujours sûres de faire la volonté de Dieu. Inutile de m'étendre sur ce sujet. Vous savez que vos maîtresses tiennent la place de Dieu auprès de vous, comme vos pères et vos mères, et que leur obéir, c'est, en définitive, obéir à Dieu même.

Puisque vous faites la volonté de Dieu, il s'ensuit que, du matin au soir, vous acquérez de nouveaux mérites pour le ciel. « Lorsqu'on s'embarque dans un vaisseau, dit un vieil auteur, et qu'on a bon vent, soit qu'on travaille ou qu'on se repose, que l'on veille ou que l'on dorme, on avance toujours et l'on arrive enfin au port. » Il en est de même au Pensionnat. Que l'on prie ou qu'on se récrée, que l'on veille ou que l'on dorme, pourvu qu'on demeure assujetti au règlement, on avance toujours, et l'on mérite toujours.

Vous connaissez sans doute ce trait raconté dans la Vie de saint Louis de Gonzague. Ses camarades et lu se récréaient au sortir d'une classe. Peu à peu la conversation prit un tour religieux, et ils se demandèrent ce qu'ils feraient si on leur annonçait qu'il fallait mourir à l'instant. « Moi, dit l'un, tout effrayé, j'irais me confesser. — Pour moi, dit un autre, je me rendrais à la chapelle et là je répandrais mon âme devant Dieu dans une ardente prière. — Je ferais un bon acte de contrition, dit un troisième. — Et vous? demanda-t-on à Louis. — Pour moi, répondit le jeune saint, je continuerais à prendre ma récréation. » N'avait-il pas raison? Il était là où la règle le voulait; il savait qu'il faisait ainsi la volonté de Dieu, que ses jeux étaient agréables à Dieu.

J'ajouterai une troisième proposition, qui tout d'abord va peut-être vous étonner beaucoup : c'est qu'en accomplissant votre règlement vous pratiquez ce qu'il y a de plus saint et de plus parfait dans le christianisme.

Lorsque Notre-Seigneur parle de la perfection chrétienne, il la renferme dans ces trois mots : « Qu'on renonce à soi-même, qu'on porte sa croix et qu'on me suive. » C'est ce que vous pratiquez en observant le règlement.

1° Vous renoncez à vous-mêmes, vous renoncez à vos désirs, à vos inclinations, à votre volonté. Vous voulez étudier, et la cloche vous appelle à la prière : renoncement. Vous voudriez vous récréer et l'on vous appelle à l'étude : renoncement. Vous voudriez parler et il faut se taire : renoncement.

2° Vous portez votre croix. Un règlement à observer, c'est toujours plus ou moins une croix, croix peu lourde sans doute en soi, croix allégée par l'affection de vos maîtresses et par votre bonne volonté, mais c'est là votre croix, et votre croix qu'il faut porter tous les jours.

3° Vous marchez à la suite de Jésus-Christ. En quoi faisant? En l'imitant, car Jésus-Christ est parfaitement obéissant, il suit le règlement que son Père lui donne, il ne s'en écarte jamais.

Jusqu'ici j'ai cherché à parler à votre foi : maintenant je vais faire appel à votre raison.

L'obéissance au règlement pendant les années du Pensionnat a souvent des conséquences pour le reste de la vie : on prend là les heureuses habitudes de l'ordre, on s'accoutume à avoir une vie réglée.

Vous ne sauriez croire, mes chères Enfants, combien il y a de femmes dans le monde qui gaspillent leur temps. Elles laissent aller leur vie à peu près au hasard, sans prévoyance, sans calcul, sans plan déterminé. Aussi elles négligent souvent ce qu'il y a de plus essentiel, ne trouvent du temps pour rien, sont bientôt entraînées, perdues dans la multiplicité des choses et, en fin de compte, n'aboutissent à rien, et cela, faute de pouvoir s'astreindre à une vie réglée.

Celles, au contraire, qui se sont tracé un bon règlement de vie, et ici je ne parle pas d'un règlement qui embrasse minutieusement tous les détails, c'est impossible : il faut laisser une certaine latitude pour les mille événements de la journée qu'on ne peut prévoir; celles-là ont trouvé, malgré les complications de l'existence, la multiplicité et la gravité des devoirs de la vie, le secret de suffire à tout, de mettre chaque chose à sa place, de donner satisfaction à tout le monde, et de se faire une de ces existences remplies, fécondes, honorables, belles aux yeux de Dieu et des hommes.

« La vie humaine est multiple, a dit Monseigneur Dupanloup, et, à vrai dire, il y a en elle trois vies qui ont, chacune, leurs nécessités, leurs labeurs et leurs devoirs.

« Il y a la vie matérielle : c'est la plus infime, mais il faut y songer ; puis, dans une région plus haute, la vie intellectuelle, qu'on ne peut dédaigner, et enfin, s'élevant sur les deux autres et les couronnant, la vie spirituelle, car l'homme ne vit pas seulement de pain dans le temps, il est fait pour l'éternité. En d'autres termes, il y a la vie du corps, la vie de l'intelligence et la vie religieuse de l'âme (1). »

Avec un plan, un règlement, même au milieu du monde, ces trois vies s'ordonnent et s'harmonisent. Les soins nécessaires et multiples de la vie matérielle ne sont pas négligés, les besoins plus élevés et plus délicats de la vie intellectuelle trouvent leur satisfaction par l'étude, et l'âme enfin conserve toute sa liberté et toutes ses forces pour les devoirs supérieurs de la vie chrétienne.

Mais, je le répète, c'est au Pensionnat, c'est en

____

(1) *Femmes savantes et femmes studieuses.*

s'astreignant au règlement de la maison d'éducation où l'on est, qu'on prend ces habitudes d'ordre qui doivent influer d'une manière si heureuse sur toute la vie.

Avez-vous vu manœuvrer des troupes sur une esplanade? Avez-vous regardé surtout ces jeunes conscrits tout fraîchement sortis de leurs villages? Quelle attention ne leur faut-il pas pour tous ces mouvements de têtes, de bras, de mains, de jambes, de poitrines! Mais laissez s'écouler quelque temps, et cette jeune recrue qui manœuvre si pesamment, assouplie par l'exercice, fera tout avec précision et presque sans effort. Le pli sera pris, l'habitude sera contractée.

Vous avez vu ce spectacle plein de charme, d'un jeune enfant qui apprend à marcher. Quelles difficultés d'abord! « Bien poser les pieds pour que le corps soit soutenu, les lever l'un après l'autre, ne pas les lever trop haut, ne pas frapper trop violemment la terre, se diriger vers un but, ce sont autant d'affaires capitales qui absorbent toute l'intelligence et occupent toute la volonté d'un enfant. Soyez sûres que le jour où il se rend, pour la première fois, de son lit jusqu'à sa fenêtre, sans l'assistance de sa nourrice, il croit avoir accompli la plus belle action du monde, et il n'a pas tout à fait tort. Pendant plusieurs semaines, pendant des mois peut-être, la moindre promenade exige de lui les plus grands efforts; puis nous le voyons peu à peu se montrer brave, entreprenant, téméraire : sa démarche devient plus libre, son pied plus sûr, et l'on ne tarde pas à être obligé de le retenir. Désormais ce n'est plus rien pour lui que de marcher, ses jambes se lèvent comme il faut, elles avancent, elles s'arrêtent sans qu'il ait la peine d'y penser. L'habitude est contractée. Aussi cette phrase d'Aristote, devenue proverbiale, l'habitude est une seconde nature, exprime-t-elle une observation littéralement exacte (1). »

Eh bien ! l'habitude de l'ordre se contracte comme les autres par la répétition des mêmes actes, et rien ne la favorise comme la fidélité à votre règlement qui vous indique le moment, le lieu de chaque chose. Quand votre séjour dans un Pensionnat n'aurait amené que ce résultat, il serait assez considérable pour qu'on n'eût pas à regretter les années que vous y auriez passées.

Voilà donc quelques uns des motifs qui vous engagent à vous rendre fidèles au règlement. Par ce moyen vous vous acquittez envers Dieu des obligations dont vous lui êtes redevables comme créatures, comme pécheresses, comme chrétiennes. — Vous êtes assurées de faire toujours la volonté de Dieu et d'acquérir des mérites pour le ciel. — Vous faites ce qu'il y a de plus parfait dans le christianisme. — Vous prenez les heureuses habitudes d'ordre et de vie réglée.

Je vous laisse, en terminant, ces paroles tirées des Proverbes de Salomon : « Mon enfant, gardez les règles et elles seront la vie de votre âme et comme un riche collier à votre cou (2). » Ou, si vous le pré-

(1) Jules Simon. *Le Devoir.*
(2) Prov. ch. iii, v. 21 et 22.

férez, cette parole plus courte qu'on trouve dans tous les auteurs ascétiques, anciens et modernes : Etre fidèle au règlement, c'est être fidèle à Dieu, *qui regulæ vivit, Deo vivit.*

III

LE RÈGLEMENT

———

Mes chères Enfants,

Partout où l'on veut qu'il y ait ordre et harmonie, il faut des lois. Dieu en a posé partout dans la création. Les hommes l'ont imité : tout empire, toute ville, toute administration a ses lois et ses règlements. Il en fallait nécessairement dans un Pensionnat.

Je vous l'ai dit, et, si j'ai bonne mémoire, j'ai apporté quatre raisons qui font connaître l'importance d'observer ce règlement. Une jeune fille fidèle au règlement du Pensionnat : 1° s'acquitte envers Dieu de tous ses devoirs, comme créature, comme pécheresse, comme chrétienne.

2° Elle est assurée de toujours faire la volonté de Dieu et d'acquérir à chaque instant des mérites pour le ciel.

3° Elle accomplit ce qu'il y a de plus sublime, de plus parfait dans le christianisme.

4° Elle prend les habitudes d'ordre et de vie réglée qui doivent influer d'une manière heureuse sur toute son existence.

Mais, vous le comprenez aisément, il ne suffit pas d'accomplir le règlement d'une manière telle quelle il est nécessaire de le bien accomplir.

Pour cela, il faut d'abord l'observer tout entier.

Le chrétien croit, sans distinction, toutes les vérités de la foi, parce que toutes viennent de Dieu et que Dieu ne peut pas plus se tromper ou nous tromper sur un point que sur un autre. De même, la pensionnaire consciencieuse, la bonne élève, observe tout le règlement parce qu'elle se dit que, le règlement étant l'expression de la volonté divine, Dieu a droit d'être obéi en tout point ; elle ne fait donc pas de partage, elle ne dit pas : j'obéirai en ceci et je désobéirai en cela, parce que ceci est important et que cela ne l'est pas. Sa chère règle est pour elle comme la robe sans couture de Jésus Christ : elle ne veut pas la déchirer.

N'a-t-elle pas un beau modèle en Notre-Seigneur lui-même ? Comme il exécute tout en sa vie, jusqu'aux moindres détails ! Il l'a dit : j'accomplirai tout ce qui a été prédit de moi jusqu'au plus petit point, jusqu'à un iota L'iota est la neuvième lettre de l'alphabet grec ; c'est la lettre la plus petite, elle correspond à notre i. Il est même des cas où cette lettre en grec se supprime et on la remplace par un signe à peine visible placé sous la lettre précédente. Jésus-

Christ accomplit tout, jusqu'à un iota. Dans ce qui a été prédit de lui il y a les grands traits (1) : sa naissance d'une vierge, ses souffrances, ses miracles, sa croix, sa résurrection, la conversion du monde et des gentils, avec la réprobation et le juste châtiment des Juifs. Voilà les grands traits. Mais ce n'est pas tout : il y a l'iota et les moindres traits qui doivent aussi s'accomplir. Il faut qu'on divise ses vêtements, il faut qu'on joue sa tunique sans couture. Il sera vendu, ce peut être un grand trait ; mais ce sera trente deniers, mais avec ces trente deniers on achètera le champ d'un potier : c'est l'iota, c'est le petit trait qui ne doit point échapper non plus que les autres. Il souffrira : voilà le grand trait ; mais ce sera hors de la porte de la ville : voilà l'iota. Il sera immolé comme l'agneau pascal, c'est un grand trait ; mais ses os ne seront pas brisés sur la croix non plus que ceux de cet agneau, voilà l'iota, et ainsi du reste. Jésus-Christ n'a rien omis, il a tout accompli, et sur la croix, jetant un regard sur les prophéties et sur sa vie entière, il a pu s'écrier : Tout est fait, *consummatum est.*

C'est le modèle que la jeune pensionnaire doit imiter ; elle aspire à pouvoir dire chaque soir, autant que le permet la faiblesse humaine : Aujourd'hui rien du règlement n'a été omis, tout a été accompli, *consummatum est.*

D'ailleurs on commence par enfreindre le règlement en de petites choses, on finit par le violer en des

(1) Bossuet.

points graves, de sorte qu'on devient un scandale pour les compagnes et que les maîtresses mettent en question si elles pourront garder une semblable élève dans le Pensionnat. C'est la parole des saints Livres : « Celui qui méprise les petites choses, insensiblement arrive à négliger les grandes. »

Quand un vaisseau périt, il n'a pas toujours été brusquement brisé sur un récif, ou démâté par la tempête; non : il y avait un trou, une fente légère, on ne l'a pas réparée, l'eau a pénétré dans le flanc du vaisseau et il s'abîme dans les flots.

Une gouttière que l'on néglige laisse passer l'eau ; une planche, deux planches se pourrissent, la toiture s'effondre dans une ruine entière.

C'est ainsi que vont les choses, on commence par de petits détails, on finit par des choses scandaleuses.

Dieu a souvent récompensé par des miracles cette obéissance au règlement jusque dans les détails qui paraissent insignifiants.

L'histoire des hommes célèbres de Cîteaux marque qu'il y avait, dans cet Ordre, une règle qui prescrivait à tous les religieux de ramasser, à la fin de chaque repas, toutes les miettes de pain qui seraient devant eux et de les manger ou de les mettre sur une assiette. Un jour qu'un religieux, grand observateur des règles, avait ramassé dans sa main toutes les miettes qui étaient devant lui, il arriva que l'attention qu'il avait à la lecture l'attacha de telle sorte que, dans le temps qu'il les tenait encore, on vint à frapper pour sortir de table. Revenant alors à lui, il se trouva fort embarrassé, parce qu'il n'était plus permis de les manger, et qu'il n'y avait plus moyen de les mettre sur l'assiette qui était déjà ôtée. Il s'imagina enfin qu'il ne pouvait mieux réparer sa faute, qu'en allant la déclarer au supérieur : c'est ce qu'il fit dès que les grâces furent achevées. Le supérieur, après l'avoir repris de sa négligence, lui demanda ce qu'il avait fait des miettes; le religieux lui répondit qu'il les avait dans la main ; et, comme il l'ouvrait pour les montrer, il se trouva qu'au lieu de miettes c'étaient des perles très fines, Dieu montrant par là combien lui est agréable une personne qui ne se contente pas d'observer un règlement dans les points importants, mais qui s'attache avec exactitude à observer les détails les plus petits.

Vous observerez donc le règlement tout entier.

Il faut, de plus, observer le règlement ponctuelle-ment, c'est la seconde condition.

La ponctualité consiste à faire les choses juste au moment voulu, sans prévenir le temps, mais surtout sans retarder d'une minute, que dis-je ? d'un seconde.

Samuel, tout jeune, servait dans le Temple sous le grand prêtre Héli. Une nuit qu'il dormait, Dieu l'appela par son nom. Samuel se réveille à cette voix, mais ne sachant pas d'où elle venait, il s'imagine que c'est le grand prêtre qui l'appelle. Il se lève donc aussitôt et, s'approchant du vieillard : « Me voici, » dit-il. Héli lui dit qu'il ne l'a point appelé et qu'il peut s'aller reposer.

Une seconde fois la voix se fait entendre : « Samuel, Samuel ! » L'enfant, prompt à obéir , se lève une seconde fois et reçoit du grand prêtre la même réponse. Enfin, à une troisième fois, le grand prêtre lui dit que, si la voix se fait entendre de nouveau, il devra dire : « Seigneur , parlez, car votre serviteur écoute. » Il le fit et Dieu lui révéla ses secrets.

Quelle obéissance en cet enfant ! « Samuel, Samuel, » dit la voix de Dieu : « Me voici, » répond aussitôt la voix de l'enfant. Ne voulez-vous pas être des Samuels dans ce Pensionnat ? La voix du règlement, qui est la voix de Dieu, dira : C'est le moment de l'étude, travaillez ; c'est l'heure de la prière, élevez vos âmes vers Dieu ; c'est l'heure du silence, taisez-vous; c'est le moment du lever, secouez les chaînes du sommeil. A cette voix, sans retard, au premier son de la cloche, à la première seconde de la première minute, votre conduite répondra : Me voici !

C'est ainsi qu'agissait le charmant petit saint Maur. Son père l'avait confié à saint Benoît pour le former à la vie religieuse, et saint Benoît eut pour l'enfant une prédilection qui rendit jaloux les autres jeunes gens élevés dans le même monastère. Ils demandèrent à saint Benoît pourquoi il préférait ainsi le petit Maur. C'est, répondit le Saint, que cet enfant est d'une obéissance parfaite. Bientôt il en fournit la preuve. Il alla frapper à plusieurs cellules : on lui ouvrit, mais après un court instant. Il frappa à la cellule du jeune Maur, qui quitta tout et alla ouvrir aussitôt. On s'approcha du bureau où l'enfant écrivait et on vit une lettre (un caractère alphabétique) qu'il avait laissée inachevée pour courir où l'obéissance l'appelait.

Soyez promptes à obéir et vous serez les enfants préférées du bon Dieu, comme le petit Maur l'était de saint Benoît.

Laissez-moi vous soumettre encore cette pensée. Seriez-vous flattées de recevoir un cadeau qu'on vous ferait à contre-cœur et dont on retrancherait tout ce que l'on pourrait ? Non, certainement, et vous seriez tentées de dire à la personne : Gardez votre cadeau, je n'en veux pas.

Un acte d'obéissance au règlement est un présent que vous faites à Dieu. Le défaut de ponctualité semble dire à Dieu que vous lui faites ce présent à contre-cœur. Comment voulez-vous qu'il l'agrée ?

Dieu, dans l'ancienne loi, défendait de lui offrir des victimes contrefaites. L'obéissance est un sacrifice, il est nécessaire que la victime soit sans défaut.

Il faut enfin observer le règlement pour plaire à Dieu.

Il y a en vous un corps que l'on voit : ce sont vos mains, vos pieds, votre tête, votre charmant visage ; et il y a aussi une âme qu'on ne voit pas. De même dans vos actions : il y a le corps, c'est ce qu'on voit au dehors, ce qui frappe notre vue, ce qui tombe sous nos sens. Il y a aussi comme une âme, c'est ce qui est caché aux yeux des hommes, ce qui se passe dans l'esprit de la personne qui agit, ce qui n'est connu que d'elle et de Dieu, en un mot le motif qui la fait agir. C'est l'âme, n'est-il pas vrai, qui fait la vie de notre corps ? C'est le motif qui fait la vie, la valeur de nos actions. Si le motif est coupable, l'action est coupable ; si le motif est naturel et indifférent, l'action est indifférente et naturelle ; si le motif est surnaturel, l'action est surnaturelle, elle a une valeur qui a cours sur le marché du ciel.

D'ailleurs on n'est récompensé que par celui pour lequel on travaille. Voici une jeune fille : elle est un modèle d'exactitude à tous les points du règlement. Savez-vous pourquoi ? Elle aime à entendre dire d'elle : Oh ! la bonne élève ! Elle a en elle une petite idole, la vanité : c'est pour elle qu'elle accomplit le règlement, et quand elle a par hasard fait une faute et qu'on l'a vue, ce qui la désole, c'est qu'on aura moins bonne opinion d'elle. Elle a travaillé pour sa vanité, que sa vanité la récompense : Dieu n'a rien à récompenser.

Sa voisine n'a pas de vanité, mais elle redoute les punitions. Ah ! s'il n'y avait pas de punitions dans le Pensionnat, comme le pauvre règlement en verrait de rudes ! Mais il y a des punitions et je vous l'ai dit, Mademoiselle ne les aime pas ; c'est un gâteau qui lui fait faire une affreuse grimace. Elle est donc fidèle au règlement. Que ses maîtresses la dédommagent de sa peine en ne la punissant jamais, mais Dieu n'a rien à récompenser.

Voulez-vous que je vous dise ce qui se passe dans le cœur de cette troisième ? Sans doute elle veut être une bonne élève et elle est heureuse quand une note satisfaisante vient, au bout de la semaine, récompenser ses efforts. Sans doute elle n'a pas de faible pour les punitions, elle s'est bien promis de passer l'année, si faire se peut, sans en mériter. Mais aussi elle s'est dit qu'elle doit chercher à plaire à Dieu, comme on cherche à plaire à un père excellent ; elle lui offre ses actions, elle accomplit le règlement pour lui être agréable. Elle a travaillé pour Dieu, Dieu la récompensera.

Ne voulez-vous pas toutes être cette troisi me élève ?

Et puis, si vous saviez comme Dieu souffre ! On l'aime si peu ! on le blasphème tant ! Comme un pauvre pèlerin il va demandant une place au foyer du cœur, on la lui refuse. Pauvre Jésus ! Ne voulez-vous pas le dédommager un peu ? Autrefois, il allait se reposer des sarcasmes et des tracasseries des pharisiens auprès de ses bons amis, Marthe, Marie et Lazare. Ne voulez-vous pas que ce Pensionnat soit pour lui sa chère maison de Béthanie où il viendra se reposer des rebuts qu'il reçoit, en la compagnie d'enfants qui l'aimeront et feront toutes choses pour lui plaire ?

Si je recueillais les voix, je n'aurais que des oui.

Ainsi observé tout entier, ponctuellement, pour plaire à Dieu, le règlement sera à votre âme ce qu'est une haie au champ qu'elle protège, ce que sont les ailes qui transportent l'oiseau dans les régions d'en haut, ou, pour vous rappeler le mot de Salomon, « ce sera la vie de votre âme, des ornements, des joyaux à votre âme (1). »

Je veux, en terminant, vous laisser cette dernière pensée. Dans les Litanies vous invoquez Marie sous ce titre : Vierge fidèle. Oh ! si, à la fin de chaque journée, on pouvait dire de chacune d'entre vous : jeune fille fidèle, fidèle à tous les points de son règlemen ! que Dieu serait heureux, que vos bons anges seraient réjouis ! C'est mon vœu. A vous de le réaliser.

(1) Prov. ch. iii, v. 21 et 22.

IV

LE LEVER

Mes chères Enfants,

Venez avec moi, mais, je vous en prie, ne faites pas de bruit, marchez sur la pointe du pied. Cette vaste salle où nous entrons est le dortoir du Pensionnat. Le silence et l'immobilité y règnent; à peine entend-on le bruit léger et monotone que produit la respiration... La nuit touche à sa fin, le jour va poindre... Tout à coup la voix de la cloche retentit ou un signal est donné par la maîtresse, la vie et le mouvement reprennent leur empire : c'est le moment du lever. Par discrétion je me retire, je vous laisse seules assister à cette première action de la journée. Cependant je veux vous dire ce que doit être le lever d'une bonne pensionnaire.

Il doit être *prompt.*,

Lorsque la voix du règlement vous a dit : « Mon enfant, levez-vous, » il faut vous armer de courage, car vous avez à livrer combat avec le plus terrible des ennemis : cet ennemi, c'est l'oreiller. L'entendez-vous? Il prend, dit un évêque (1), un langage artificieux et doux ; il caresse la jeune fille avec une tendre précaution, il lui dit : « Pourquoi me quitter? Voyons, n'es-tu pas bien ici? Quelle douce température ! Quel bien-être inappréciable ! Le règlement du Pensionnat est vraiment trop sévère ; tes membres sont encore fatigués et n'ont joui que d'un repos fort incomplet : touche ton front et tu verras qu'une migraine va commencer. Puis, il fait si froid hors du lit ! En vérité, ne sois pas si dure envers toi-même. » Après un langage aussi éloquent, le cher oreiller étend ses deux bras pour enlacer la jeune fille ; aussitôt la victoire est consommée, et voilà l'enfant retombée jusqu'à ce qu'un nouvel ordre lui soit réitéré.

Je parle très sérieusement, mes Enfants, en vous disant qu'un des ennemis les plus difficiles à vaincre est l'oreiller du matin. Il n'y a qu'un moyen d'en triompher, c'est un coup prompt et décisif, une sortie vigoureuse, un saut hors du lit. Si vous voulez discuter avec l'oreiller, écouter ses paroles, vous serez vaincues.

Au rapport de la Fable, les sirènes (c'étaient des espèces de nymphes ou divinités de la mer) avaient une voix si douce et un chant si harmonieux que les navigateurs qui les entendaient, même un instant, étaient attirés malgré eux, et leurs vaisseaux se bri-

(1) Mgr Landriot. *La femme forte.*

saient sur les récifs. Mais Ulysse, ce héros si sage de l'antiquité, eut plus de prudence que les sirènes n'avaient de finesse; il boucha les oreilles de tous ses compagnons et ils échappèrent au danger. L'oreiller, le matin, se transforme en sirène : pour lui échapper il faut être prudent comme Ulysse, se boucher les deux oreilles, ne rien écouter, pas même un de ses mots; alors il en sera quitte pour ses frais d'éloquence perdue.

La promptitude à vous lever aura deux avantages qui méritent d'être signalés : d'abord elle développe l'énergie de l'âme, elle la rend forte en l'habituant à se vaincre. Il y a en effet, tous les matins, un sacrifice à faire, il y a une lutte à livrer contre l'oreiller; or la nature se retrempe dans cette lutte; chaque victoire remportée donne une force nouvelle; peu à peu l'âme acquiert une grande fermeté de caractère et, quand les occasions se présentent, elle peut dépenser une énergie extraordinaire.

Au contraire, voyez ces jeunes filles qui se laissent vaincre, qui ne savent pas secouer leur torpeur, elles sont molles pour presque tout le reste.

Cette promptitude à vous lever aura un second avantage : ce sera de vous préparer une bonne journée, car une journée bien commencée donne beaucoup à espérer, tandis qu'il y a tout à craindre que le reste de la journée ne devienne la proie du démon de la paresse quand on lui a offert la première action.

Puisque nous sommes sur le chapitre du lever, il faut que je vous raconte, d'après Louis Veuillot, l'histoire de ce moine si dormeur, mais si plein de bonne volonté. Il lutta longtemps, longtemps, il finit par être vainqueur. La persévérance vient à bout de tout.

Donc, il y a quelques années, vivait dans un monastère de la Suisse un religieux que le plus invincible penchant au sommeil contrariait étrangement. Avec la meilleure volonté du monde, il ne pouvait s'éveiller à onze heures de la nuit pour aller chanter les matines. Or, la nature, qui l'avait fait si dormeur, l'avait fait aussi très bon mécanicien. Sans études, sans notions aucunes des mathématiques, à force de réflexion et de travail, il avait fabriqué une horloge parfaite. Il ajouta d'abord à la sonnerie, en forme de réveille-matin, un rude carillon qui fut insuffisant, et bientôt, aux angles et au milieu du petit chapiteau qui couronnait le cadran, un merle, un coq et un tambour. A l'heure dite, tout cela faisait tapage : pendant quelques nuits les choses allèrent bien. Mais au bout d'un certain temps, quand venaient onze heures, le carillon carillonnait, le merle sifflait, le coq chantait, le tambour battait, et le moine... ronflait. Un autre se serait découragé. Le Père, invoquant son génie, machina bien vite un serpent, qui, placé sous sa tête, venait toujours, à onze heures, lui siffler dans l'oreille : « Il est temps, levez-vous ! » Le serpent fut plus habile que le merle, le coq, le tambour et le carillon, lesquels n'en faisaient pas moins d'ailleurs un petit tintamarre supplémentaire. C'était merveille, et le chartreux ne manquait jamais de se réveiller. Hélas ! au milieu de sa joie, il fit une triste découverte. Il ne s'était cru que dormeur, il se reconnut paresseux. Tout éveillé qu'il fût, il hésitait à quitter sa dure couchette; il perdait bien une minute à savourer la douceur de se sentir au lit, refermant un œil et jouant à dormir. Cela demandait réforme. Le religieux se sentait coupable, et le mécanicien se trouvait humilié; le diable avait trop l'air de narguer l'un et l'autre, il fallait reprendre le dessus. Aussitôt une lourde planche est disposée au-dessus du lit, de telle sorte qu'elle tombe rudement sur les pieds du paresseux, dix secondes après l'avertissement charitable du serpent. Plus d'une fois le pauvre Père se rendit au chœur tout boiteux et meurtri. Eh bien ! le croirait-on ? Soit que le serpent eût perdu son fausset, que la planche avec le temps fût devenue moins pesante, le vieillard plus dormeur; soit que ses jambes fussent endurcies, ou qu'il eût pris la criminelle habitude de les retirer avant que le châtiment tombât, il ne tarda pas à sentir la nécessité d'une autre invention, et tous les soirs, avant de se coucher, il se lie au bras une forte corde, qui, à l'heure fatale, se tend sans crier gare et le jette à bas du lit.

Je ne vous invite pas à imiter tous les efforts de ce bon Père ; mais qu'une volonté bien arrêtée de ne pas marchander avec l'oreiller produise sur vous l'effet que produisait cette corde sur le bon religieux et vous fasse, chaque matin, sauter promptement à bas du lit.

En second lieu, le lever de la jeune pensionnaire doit être *pieux*.

Aussitôt votre réveil, mes Enfants, prononcez les doux noms de Jésus et de Marie. Cette parole, ne serait-elle que balbutiée dans un demi-sommeil, sera toujours accueillie par Dieu comme le bonjour de son enfant.

Faites le signe de la croix. Lorsque Constantin était sur le point de livrer à Maxence un combat décisif d'où devait dépendre l'empire du monde, il était anxieux, car l'armée de son adversaire était plus forte que la sienne. Vers l'heure de midi, par un temps calme, il marchait à la tête de ses troupes, quand il aperçut dans le ciel une croix éclatante au milieu de laquelle ces mots étaient tracés en caractères lumineux : *In hoc signo vinces*, par ce signe vous serez victorieux. Constantin fit faire un étendard. C'était une espèce de pique couverte de lames d'or avec une traverse en forme de croix d'où pendait un voile tissu d'or. Son armée, encouragée par ce gage de victoire, n'hésita pas à demander le combat et marcha intrépidement au-devant de l'ennemi. Maxence fut vaincu et, dans sa fuite, il périt dans le Tibre. Constantin entra victorieux dans Rome.

Mes Enfants, il ne s'agit pas pour nous de l'empire du monde, mais du royaume éternel du ciel. L'ennemi, Satan, est puissant. Pour le combattre, prenons la croix, elle est un gage de victoire : Satan, comme Maxence, sera mis en fuite, tandis que nous, semblables à Constantin, nous serons vainqueurs.

Vous avez votre scapulaire, ou tout au moins une médaille bénite ? Baisez l'image de votre mère du ciel.

Les doux noms de Jésus et de Marie prononcés, le signe de la croix, le petit baiser donné à votre médaille de la sainte Vierge ou à votre scapulaire, voilà comment vous rendrez votre lever pieux.

Dieu, dans l'ancienne loi, demandait les prémices de chaque chose : les premières gerbes d'un champ devaient être portées dans son temple ; les premiers-nés d'un troupeau devaient lui être offerts comme victimes ; le premier enfant de chaque famille devait lui être consacré. Le lever est la première action, ce sont les prémices de notre journée : prenons la résolution de les offrir, et que la promptitude et la piété soient comme les deux mains qui déposeront ces prémices sur l'autel de Dieu.

V

LA TOILETTE

————

Mes chères Enfants,

Aussitôt le lever, vous procédez à votre toilette.

Je vais, avec votre permission, vous dire que vous devez faire votre toilette : 1° d'une manière *active* ; 2° d'une manière *modeste*; 3° d'une manière *complète*.

Vous le voyez, c'est un sermon en trois points, ni plus ni moins.

Votre toilette doit être faite d'une manière *active*.

Dieu, dans nos saintes Écritures, nous recommande d'être prompts et expéditifs dans tout ce que nous faisons, *in omnibus operibus tuis esto velox* (1). Cette activité n'est pas la précipitation dont un poète latin a dit qu'elle fait tout de travers. Elle n'exclut pas le

____

(1) Eccli. XXXI, 27.

soin et l'attention, mais elle est l'ennemie jurée de la
lenteur, de la somnolence, et, si le mot était français,
je dirais de la *lambinerie*.

Voyez cette jeune pensionnaire : est-elle éveillée
ou bien dort-elle encore ? C'est un ressort qui se meut
avec une lenteur calculée ; un bras monte quand
l'autre descend ; il lui faut trois minutes au moins
pour mettre un soulier, et, comme la nature l'a gratifiée
de deux pieds, voici six minutes pour ce tout petit
détail de sa toilette. Le reste est à l'avenant : c'est
une enfant qui n'en finit pas. Si jamais vous rencon-
trez cette jeune pensionnaire en votre charmante personne, je vous en prie, secouez-la, et, si elle vous
demande pourquoi, je vous autorise à lui dire que
c'est moi qui vous l'ai conseillé.

Si plus tard, mes chères Enfants, vous voulez faire
face à tous vos devoirs, trouver du temps pour tout,
habituez-vous, jeunes encore, à être vives, promptes,
actives ; habituez-vous surtout à ne donner aux soins
de votre toilette que le temps strictement nécessaire.
Quand l'incendie se déclare dans un édifice, on fait
ce qu'on appelle la part du feu. Les soins à donner au
corps sont comme un feu qui dévore notre vie ; faites
la part du feu, il le faut bien, mais faites-la la plus
petite possible.

Votre toilette doit être faite d'une manière *modeste*.
La modestie doit nous accompagner partout, parce
que partout Dieu est présent et nous voit ; partout
nous sommes en la compagnie de notre Ange gardien ;

partout nous sommes avec nous. Or, nous devons nous respecter, car nous ne sommes pas des êtres vulgaires, nous sommes de race royale et divine, nous sommes les enfants de Dieu et, comme tels, destinés à monter sur un trône brillant au ciel.

Mais, au dortoir, la modestie, s'il se peut, doit être plus grande encore, car là sont vos maîtresses, là sont vos compagnes. Pas de scrupule, sans doute, mais beaucoup de précaution, et je suis de l'avis d'un pieux auteur qui dit que, sous ce rapport, un peu d'exagération n'est peut-être pas un défaut.

Les âmes les plus belles sont toujours les plus délicates.

Saint Louis de Gonzague prenait soin de ne pas même laisser voir ses pieds nus à son valet de chambre.

Sainte Perpétue, dans l'amphithéâtre de Carthage, est exposée aux coups d'un taureau furieux. Après avoir été jetée en l'air par le terrible animal, la jeune martyre, voyant sa robe déchirée, la rejoint promptement, plus occupée de la pudeur que de la souffrance, comme s'exprime l'auteur de sa vie.

Sainte Potamienne, condamnée à être plongée vive dans une chaudière de poix bouillante, ne s'effraie pas de cet horrible supplice, mais elle tremble d'être dépouillée de ses vêtements. La voilà donc, sans s'inquiéter de l'atrocité de sa mort, ne demandant grâce que pour sa modestie. « Par la vie de l'empereur, dit-elle au préfet, je vous conjure de ne pas me faire paraître en cet état aux yeux du peuple. Que si l'on tient à avoir mes habits, qu'on les soulève peu à peu, à mesure qu'on me descendra dans la chaudière, et vous verrez quel est le courage que Jésus-Christ donne à ceux qui croient et espèrent en lui. »

Cette délicatesse de conscience, qui rougit à la moindre immodestie, vous donnera toujours la paix de l'âme, et, plus tard, vous fera respecter de tout le monde.

Enfin, que votre toilette soit faite d'une manière *complète.*

La mythologie raconte que Minerve sortit tout armée de la tête de Jupiter. C'est ainsi que vous devez sortir du dortoir. Point de ces spectacles qu'offrent, dans quelques Pensionnats, certaines jeunes filles descendant avec les bottines entr'ouvertes, la robe non agrafée, la cravate sur le bras, obligées de se baisser de temps en temps pour relever des bas qu'aucun lien n'a fixés, traînant je ne sais quel lacet qui rappelle à la mémoire ce pigeon malheureux dont parle La Fontaine, pigeon

> qui, traînant la ficelle
> Et les morceaux du lacs qui l'avait attrapé,
> Semblait un forçat échappé.

Non : sortez du dortoir armées de pied en cap. Qu'aucune pièce ne manque à votre costume ; que le dernier bouton soit mis, le dernier petit cordon attaché.

C'est bien maintenant : vous êtes mises avec goût ; n'en ayez pas de vanité. C'est le fait d'un petit esprit et d'un cœur étroit que de croire que le costume va ajouter quelque chose à votre mérite. Nous sommes ce que nous sommes par nos qualités personnelles et nullement par notre toilette. Crésus, roi de Lydie, portait des vêtements que l'or et les pierreries rendaient étincelants. Il invita Solon à sa cour, et, se croyant sûr d'une réponse qui eût flatté son amour-propre, il lui demanda s'il avait vu jamais un plus beau spectacle. Solon répondit, non sans quelque malice : « Les paons et les faisans m'ont, comme vous, ébloui par la richesse de leurs vêtements, ils n'étaient pourtant que de pauvres bêtes ! »

Oui, mes chères Enfants, un mannequin, sous du velours, est toujours un mannequin. Mme de Sévigné, sous une robe de serge, serait encore Mme de Sévigné, c'est-à-dire un esprit fin, délicat, dont la plume, comme une baguette magique, nous transporte où il lui plait, nous tient sous le joug de tous ses caprices, éveille le sourire sur les lèvres, aussi facilement qu'elle fera couler les larmes de vos yeux, et dont parfois le babil charmant vous intéressera à des riens qu'elle a redits cent fois.

Croyez-moi, elle devait être une pauvre femme, cette héroïne qui s'écrie, dans un roman d'Octave Feuillet : Les chiffons ! vivent les chiffons ! vive la dentelle qui frissonne, le velours qui miroite, et le satin qui craque sous le doigt !

C'est contre des êtres de ce calibre que Clément d'Alexandrie exerçait sa verve dans cette critique mordante et originale :

« Voyez les temples de l'Egypte ; des bois sacrés, de longs portiques, des vestibules spacieux vous y conduisent ; tout autour d'innombrables colonnes en supportent le faîte ; les murailles, revêtues de pierres étrangères et de riches peintures, jettent de toutes parts un éclat éblouissant. Rien ne manque à cette magnificence. Partout de l'or, partout de l'argent, partout de l'ivoire. L'Inde et l'Ethiopie ont prodigué leurs pierres pour orner la nef. Quant au sanctuaire, il se cache à vos regards sous de longs voiles brodés d'or. Si, tout plein de ce spectacle, vous en cherchez un plus grand encore et que vous demandiez à voir le Dieu qui habite le temple, le prêtre soulèvera le voile du sanctuaire ; mais alors vous ne pourrez vous empêcher de pousser un grand éclat de rire en apercevant l'objet d'un tel culte. Ce Dieu que vous cherchiez, que vous aviez hâte de voir, c'est un chat, ou un crocodile, ou un serpent. Le Dieu des Egyptiens est une bête qui se roule sur des tapis de pourpre. N'est-ce point là l'image de tant de femmes ?... Si vous soulevez le voile de ce nouveau temple et que vous perciez de l'œil ces réseaux, ces étoffes, cet or, ce fard, ces tentures, ce que vous apercevrez vous fera rire ou reculer. Ce temple est occupé par une âme de rien, véritable bête, singe frotté de céruse. »

Non, vous ne laisserez point entrer chez vous le sentiment de la vanité, mais vous donnerez une large place au sentiment de la reconnaissance. Vous penserez à vos bons parents qui travaillent, s'imposent des privations pour que vous ne manquiez de rien, pour qu'une robe usée, ou même seulement défraî-chie, soit remplacée par une autre. Vous penserez à Dieu qui permet que vous ayez de chauds vêtements pour vous défendre des injures du temps et de l'in-commodité des saisons. Combien de petites filles, dans les plus grandes rigueurs de l'hiver, n'ont que de pauvres haillons pour se couvrir ! Combien qui trem-blent, qui souffrent, qui gémissent de froid ! N'en a-t-on pas vu même mourir de froid ? Cependant elles n'ont pas plus offensé Dieu que vous, elles ne sont pas plus criminelles. N'est-ce donc pas une grâce que Dieu vous fait ? Et n'est-il pas juste d'y penser pour en remercier Notre Père qui est aux cieux ?

Que votre lit ait aussi sa toilette complètement faite par vous ; que tout ce qui a servi la nuit soit à sa place, de manière que l'œil le plus sévère ne trouve rien à reprendre.

Ne laisser rien en désordre quand on quitte un appartement, c'est donner de soi une opinion bien favorable. D'ailleurs, n'est-ce pas ainsi qu'agissait la Vierge Marie dans sa petite cellule du Temple où, comme vous, elle a vécu pensionnaire ? Comme on aime à se représenter Marie enfant, s'habillant avec modestie, arrangeant son lit, balayant sa chambre, faisant régner l'ordre et la propreté autour d'elle ! Tel est le spectacle que vous présentez et que vous présenterez chaque matin. Vos maîtresses seront heureuses, vos bons anges vous souriront, votre Pensionnat rappellera le Temple de Jérusalem et vous serez de petites Maries.

VI

LES SOINS DE PROPRETÉ

Mes chères Enfants,

J'ai l'intention de vous entretenir des *soins de propreté* et de vous dire que votre intérêt d'abord, ensuite le respect que vous devez aux autres vous en font un devoir.

Ne vous étonnez pas de me voir traiter cette question ici et descendre à de pareils détails, car la Religion est une amie qui ne doit rester étrangère à rien de ce qui nous concerne.

Cette petite conférence, jointe à celles que nous avons faites sur le lever et la toilette, complétera ce que nous voulions vous dire sur cette première action qui se passe au dortoir.

Il faut se donner des soins de propreté. Il y va de votre intérêt, et d'abord de l'intérêt de votre santé.

La santé est une chose précieuse. Suivant La Fontaine,

C'est le bien
Sans qui les autres ne sont rien.

C'est, dit Mme de Sévigné, « le plaisir des autres plaisirs. » Comment, en effet, goûter quelque plaisir lorsque la maladie vous assiège matin et soir de ses importunités ?

Les anciens, qui étaient si ingénieux, en avaient fait une gracieuse déesse, nommée Hygie, mère de la joyeuse humeur, aux joues de roses, portant une couronne de plantes médicinales.

Quand j'étais enfant, je savais une chansonnette comique dont le refrain était :

C'est bonhomme
Qu'on me nomme :
Ma santé, c'est mon trésor.

Oui, la santé est un trésor, et les soins de propreté contribuent puissamment à conserver ce trésor.

Afin que vous ne m'accusiez pas d'inventer, écoutez ce que disent les médecins :

Hufeland, médecin allemand d'une grande célébrité, appelait la propreté « la colonne fondamentale de la santé ». Ailleurs il disait : « La propreté et le soin de la peau sont deux objets essentiels à la prolongation de la vie. » Et il avait raison.

Sans entrer dans beaucoup de détails, qu'il vous suffise de savoir que la peau est un appareil d'épuration du sang, une vraie soupape s'ouvrant pour laisser sortir certains produits nuisibles ou dangereux qui doivent être rejetés. La propreté maintient le jeu de cette soupape de sûreté en l'empêchant de s'obstruer.

La peau est encore le siège d'une véritable respiration supplémentaire qui complète celle des poumons. On a fait des expériences qui le démontrent. En effet, si l'on couvre le corps d'un animal d'enduits imperméables, il survient assez promptement des accidents qui sont dus à une véritable asphyxie.

La malpropreté peut être considérée comme un de ces enduits. Elle recouvre la peau d'une couche formée à la fois par le résidu solide de la sueur, les matières colorantes et les poussières que le contact de l'air extérieur et des vêtements y ajoute incessamment ; cette couche, véritable membrane, obstrue les millions de petites bouches qui devraient servir à la respiration ; d'où une provocation à de nombreux malaises, à des maladies de peau ; d'où un accroissement d'activité imposé à d'autres organes, une harmonie rompue ; d'où enfin, par suite, une santé compromise.

C'est pour cela que le docteur Fonssagrives, professeur à la Faculté de médecine de Montpellier, dans ses entretiens familiers sur l'hygiène, écrivait : « L'eau est à la peau ce que l'air est aux poumons. » Sans air les poumons ne peuvent pas fonctionner et l'on étouffe ; sans l'eau qui maintient sa propreté, la peau ne fonctionne presque plus et on risque d'être malade.

Aussi est-il reçu, en médecine, de dire, comme une

sorte d'adage, que « la malpropreté est pour le corps ce que la rouille est pour le fer, elle l'use et le détruit ».

Non seulement l'intérêt de votre santé, mais aussi l'intérêt de votre réputation s'y trouve engagé.

« Le défaut de tenue et de propreté, a dit un auteur, est fils de la paresse. » Savez-vous donc ce qu'on pense d'une jeune fille qui manque à ce devoir dont nous parlons ? On pense tout de suite qu'elle est une paresseuse, une fille sans énergie ; on se dit : pour être propre, il ne faut qu'un peu d'eau et de bonne volonté. L'eau est à la disposition de qui en veut ; c'est la bonne volonté, le courage qui fait défaut.

La propreté, au contraire, fait penser de vous favorablement. Vous allez dans une société pour la première fois, vous êtes inconnue ; mais une personne amie a écrit une lettre où elle fait votre éloge, vous la présentez et, aussitôt qu'on l'a lue, on vous accueille avec intérêt, vous êtes la bienvenue. La propreté, mes chères Enfants, est une lettre de recommandation auprès de tout le monde, chacun sait la lire, elle donne bonne opinion de vous, vous fait accueillir avec intérêt et sympathie.

On a dit encore, et c'est un penseur, La Rochefoucauld, qui l'a dit : « La propreté est au corps ce que l'amabilité est à l'âme. » Cette pensée est pleine de vérité. Voyez cette personne aux manières polies : elle a un mot gracieux pour chacun, elle s'empresse de rendre service, d'être agréable, les relations avec elle ont quelque chose d'aisé, de charmant, on la quitte toujours content d'elle, en un mot, elle est aimable et on l'aime. La propreté est au corps ce que l'amabilité est à l'âme ; elle attire, elle plaît, elle charme.

Ajouterai-je, mes chères Enfants, qu'il y va de l'intérêt de vos âmes ? En effet, la propreté est souvent l'occasion d'une mortification méritoire. Ainsi se laver les mains et la figure aux jours d'hiver, se peigner minutieusement tous les matins, ôter avec soin les taches qu'on a remarquées sur ses vêtements, c'est pénible, c'est ennuyeux... Faits par devoir, par esprit d'obéissance, ces actes vous aideront à mériter le ciel.

De plus, le soin que nous prenons de notre corps, cette considération, non pas idolâtrique, mais raisonnable, dont nous entourons cette enveloppe matérielle, relève l'âme à ses propres yeux, l'habitue à se respecter elle-même. Et puis, quelle qu'en soit la cause, il y a dans la netteté, dans la propreté du corps, quelque chose qui invite à la belle vertu de pureté, tandis que la malpropreté est presque toujours un stimulant au vice. En sorte que l'on pourrait dire de la propreté ce que saint François de Sales disait de l'habitude de se lever matin, « qu'elle sert à la santé et à la sainteté. »

C'est donc votre intérêt que de prendre ces soins de propreté.

Le respect que vous devez aux autres vous en fait aussi un devoir.

Mᵐᵉ Swetchine a dit que l'attention donnée à une personne qui parle est une tacite et continuelle louange. On peut dire aussi que la bonne tenue, la propreté, est vis-à-vis des personnes avec lesquelles nous vivons, une preuve tacite et continuelle de respect. Recevoir une personne dans un appartement en désordre, où la poussière couvre les meubles, où rien n'est à sa place, ne serait-ce pas témoigner qu'on fait d'elle peu de cas, et par là, lui faire injure ? De même, se mêler aux autres dans un costume négligé, avec des mains, un cou, un visage dont les couleurs sont équivoques, est un sans-gêne, un sans-façon qui manque au respect dû au prochain. Aussi on a dit que si « le défaut de propreté est fils de la paresse, il est également frère de la grossièreté ».

Donc, mes chères Enfants, car il me tarde d'arriver aux détails pratiques, changez de linge régulièrement, aux jours déterminés par le règlement.

Vous savez que Ferdinand le Catholique et la reine Isabelle détruisirent les restes de la domination mahométane en Espagne. Il est raconté que, pendant le siège de Grenade, ce dernier boulevard des mahométans, la reine avait fait le vœu de ne changer de chemise que lorsque cette capitale aurait ouvert ses portes. Mais Grenade tenait bon ; elle était défendue par mille tours, deux citadelles, près de 400.000 habitants qui combattaient avec la haine du nom chrétien et l'énergie du désespoir. Le siège fut long, si long, que le vêtement que la reine avait juré de conserver prit sur son corps une teinte jaunâtre : ce fut l'origine de la couleur isabelle.

Il y a des enfants qui semblent avoir fait un vœu semblable à celui de la reine Isabelle et qui ont à cœur de le tenir. Pas n'est besoin de vous dire : ne les imitez pas.

N'imitez pas non plus cette jeune personne que j'ai connue. Le linge est froid en hiver : pour ne pas éprouver cette sensation un peu désagréable, elle avait trouvé une recette fort ingénieuse. Elle ajoutait la nouvelle chemise à celle qui était sur elle. Quand ses maitresses s'en aperçurent, Mademoiselle comptait quatre de ces vêtements qui avaient été ainsi successivement superposés. Qui sait jusqu'où elle serait allée si on ne l'avait arrêtée en si beau chemin?

Chaque matin, lavez-vous la figure, le cou, les mains. Avez-vous vu les chats ? Quel mouvement brusque aussitôt que l'eau les touche ! Ne soyez pas de la nature des chats, n'ayez pas peur de l'eau froide. L'eau froide réveille, donne du ton à la peau. Le sang, chassé par l'action du froid, revient aussitôt avec une nouvelle vigueur et fait éprouver la sensation d'une douce chaleur.

Que vos chaussures soient convenablement nettoyées, que la boue de la veille n'y attende pas tranquillement la boue du lendemain, qu'on n'ait pas à vous dire que vous faites *rougir* ces pauvres souliers en les soignant si peu.

Gardez-vous d'avoir des ongles en deuil. Prenez soin qu'ils ne rappellent pas ce mot d'un petit enfant. On lui disait, en lui indiquant un certain personnage : « Vois-tu ce Monsieur ? Il a de l'esprit jusqu'au bout des doigts. » Or à chaque doigt du Monsieur on eût dit que la Mer Noire avait fait passer un filet de son liquide. L'enfant l'avait vu ; ce qui lui suggéra cette réflexion : « Ce Monsieur a donc l'esprit bien noir ! »

Les dents sont des joyaux précieux, elles sont surtout un instrument indispensable pour la mastication des aliments. Soignez-les chaque jour afin d'en enlever le tartre, c'est-à-dire cet enduit qui se forme à la surface de ces organes, répand une odeur désagréable et surtout cause leur carie en rongeant leur émail.

Vous parlerai-je des cheveux, un des plus gracieux ornements dont la nature vous a pourvues et qui forment une de vos plus grandes beautés, soit que vous les assembliez en tresses, que vous les tourniez en boucles ou que vous les laissiez flotter naturellement ? Débarrassez-les de cette matière grasse qui s'attache à leur racine et contribue à les faire tomber.

En vous invitant à vous donner les soins de propreté, je ne vous ai pas dit de vous mettre des parfums, des pâtes, des poudres, des essences. Sans doute l'usage des parfums n'est pas à blâmer complètement, mais il faut dans cet usage mettre une grande sobriété. Les anciens n'avaient pas bonne opinion de ceux qui se parfumaient beaucoup, et disaient comme par proverbe : Il faut qu'une personne sente naturellement bien mauvais pour s'entourer ainsi de parfums.

Nous le disions tout à l'heure avec La Rochefoucauld : « La propreté est au corps ce que l'amabilité est à l'âme. » L'amabilité est quelque chose d'aisé, de simple, de naturel ; ce n'est pas la prétention, les airs maniérés, l'afféterie. La propreté non plus n'est pas l'affectation et la recherche.

L'eau peut suffire aux soins de propreté. Je ne sais pas si vous connaissez Augias. C'était un roi de l'Elide. Il avait des étables qui contenaient trois mille bœufs ; elles n'avaient pas été nettoyées depuis trente ans. Hercule fut mandé pour cette besogne. Savez-vous ce qu'il fit ? Il détourna le fleuve Alphée et le fit passer à travers les étables. J'ai connu des collégiens d'une propreté peu remarquable : leurs pieds, leurs mains, leur tête, leur cou, leurs oreilles, tout rappelait les étables d'Augias. Le professeur faisait le rôle d'Hercuie, le robinet du lavabo suffisait pour mettre tout dans un état convenable.

Cependant à l'eau je conseillerais volontiers de joindre un cosmétique par excellence, celui qui pourrait presque les remplacer tous : c'est le savon. Il enlève facilement les produits dégénérés qui surchargent la peau, il entretient la souplesse de l'épiderme, il dissout ou délaie les corps étrangers qui s'attachent aux parties exposées à l'air, comme le visage et les mains ; c'est en outre un remède puissant qui écarte ou neutralise les miasmes et les virus. Sous tous ces rapports il rend à la santé des services signaléset son prix modique le met à la portée de tous.

Si nous donnons tant de soins à la propreté du corps, quels soins plus grands ne devrons-nous pas donner à la propreté de l'âme ! Et puisque, suivant une pensée d'un saint docteur, il est impossible de traverser cette vie sans contracter quelques souillures, puissions-nous, ô mon Dieu, nous efforcer de faire disparaître ces souillures, afin que nos âmes vous soient toujours agréables et méritent d'avoir place un jour au milieu de vos élus. Amen !

VII

LA PRIÈRE DU MATIN

Mes chères Enfants,

Dès que l'aube blanchit le ciel et que les premières clartés de l'aurore ont chassé l'obscurité de la nuit, il se produit dans toute la nature une sorte de tressaillement qui annonce son réveil. Aussitôt, les oiseaux par un chant joyeux et prolongé saluent le retour du jour et font monter, à leur manière, vers Dieu l'hymne de leur reconnaissance.

Je pense souvent à ce chant matinal des oiseaux lorsque je vous entends réciter, toutes ensemble et à haute voix, votre prière du matin ; il me semble que c'est là aussi un chant, chant joyeux et prolongé, que vous envoyez vers votre Créateur.

Fidèles à la voix de la cloche qui vous appelle, vous êtes descendues du dortoir et vous vous êtes réunies dans la salle des exercices ; vous avez ployé les genoux, vous avez fait avec piété le signe de la croix. Le ciel, en ce moment, s'incline pour vous entendre ; vos lèvres s'ouvrent ; qu'allez-vous dire ?

« Très sainte et très auguste Trinité, Dieu seul en
« trois personnes, je crois que vous êtes ici présent, je
« vous y adore avec les sentiments de l'humilité la
« plus profonde et vous rends de tout mon cœur les
« hommages qui sont dus à votre souveraine Ma-
« jesté. »

Tel est, tel devait être le premier acte de votre cœur : saluer le Dieu qui est présent partout, mais qui l'est d'une manière plus spéciale dans les endroits où les chrétiens sont réunis pour prier. « Lorsque vous serez plusieurs réunis en mon nom pour prier, je serai au milieu de vous, » a dit Jésus-Christ. Comme donc, en vous approchant d'une personne, vous commencez par la saluer, ainsi vous saluez Dieu avec qui vous allez vous entretenir dans la prière.

Après ce premier acte, vous laissez aller votre cœur au sentiment de la reconnaissance, parce que Dieu vous entoure de bienfaits à chaque instant, parce que vous tenez tout de lui, l'être, le mouvement et la vie. Ce jour qui commence est un nouveau bienfait. Que de personnes sont mortes pendant la nuit qui vient de s'écouler ! D'après des statistiques qui paraissent sé- rieuses, le globe ayant de douze à treize cents millions d'habitants, il meurt soixante personnes par minute, ce qui donne trois mille six cents morts par heure. En supposant que la nuit dure huit heures, vous avez en moyenne près de vingt-neuf mille personnes qui, pendant que vous reposiez, ont cessé de vivre et ont paru devant le tribunal de Dieu. Pourquoi n'avez-vous pas été du nombre de ces vingt-neuf mille personnes ? C'est que Dieu vous a conservé la vie. Or cette vie qu'il vous prolonge doit être employée à son service. Les fruits de l'arbre appartiennent au propriétaire ; pensées, paroles, actions, joies, peines, fruits de cet arbre qui s'appelle la vie, doivent être à Dieu, véritable et unique propriétaire. C'est pour cela qu'après avoir remercié le Seigneur vous vous offrez à lui.

« Mon Dieu, dites-vous, je vous remercie très hum-
« blement de toutes les grâces que vous m'avez faites
« jusqu'ici. C'est encore par un effet de votre bonté
« que je vois ce jour. Je veux aussi l'employer unique-
« ment à vous servir : je vous en consacre toutes les
« pensées, les paroles, les actions, les joies et les
« peines : bénissez-les, Seigneur, afin qu'il n'y en ait
« aucune qui ne soit animée de votre amour et qui
« ne tende à votre plus grande gloire. »

Tout être qui aspire à faire quelque chose de grand et de parfait a un idéal qu'il poursuit, et, plus il s'en approche, plus il perfectionne ses œuvres. Notre idéal à nous, mes chères Enfants, l'idéal de notre vie, c'est Jésus-Christ. Imiter Jésus-Christ, l'imiter encore, l'imiter toujours, voilà le but à poursuivre, et, plus nous en approcherons, plus nous serons parfaits.

Cette divine beauté de Jésus-Christ que le peintre ne peut montrer sur la toile, le sculpteur sur le marbre, le poète dans ses chants, l'orateur dans ses discours, nous, mes chères Enfants, nous avons la vocation de la montrer dans notre personne. Oui, nous chrétiens, nous avons cette vocation, difficile mais sublime, faire nous-mêmes de nous-mêmes un portrait de Jésus-Christ. Aussi, est-ce vers ce divin Sauveur que nous nous tournons :

« Adorable Jésus, divin modèle de la perfection à « laquelle nous devons aspirer, je vais m'appliquer, « autant que je pourrai, à me rendre semblable à « vous, douce, humble, chaste, zélée, patiente, cha-« ritable et résignée comme vous. »

Et, comme il y a chez nous tous des endroits plus faibles, des défauts qui nous éloignent davantage de Jésus-Christ et de sa céleste beauté, un péché dominant, nous nous engageons à y remédier. C'est pour cela que vous ajoutez :

« Et je ferai particulièrement tous mes efforts pour « ne pas retomber aujourd'hui dans les fautes que « je commets si souvent et dont je souhaite sincère-« ment de me corriger. »

Tels sont nos projets, nos désirs, nos résolutions. Mais, sans la grâce, que pouvons-nous ? « Sans moi, vous ne pouvez rien, » a dit Jésus-Christ. Nous implorons donc aussitôt le secours de la grâce.

« Mon Dieu, vous connaissez ma faiblesse ; je ne « puis rien sans le secours de votre grâce ; ne me la

« refusez pas, ô mon Dieu ! proportionnez-la à mes
« besoins ; donnez-moi assez de force pour éviter tout
« le mal que vous défendez, pour pratiquer tout le
« bien que vous attendez de moi, et pour souffrir pa-
« tiemment toutes les peines qu'il vous plaira de
« m'envoyer. »

Puis vient l'Oraison dominicale, le « Notre Père
qui êtes aux cieux », abrégé merveilleux de tout ce
que nous pouvons et devons demander, prière admirable entre toutes, trop belle pour avoir une
autre origine que le ciel et que Dieu lui-même est
venu nous enseigner.

L'Oraison dominicale se divise en trois parties : la
préface ou préparation, le corps de la prière et la conclusion.

La préface se compose de ces simples mais sublimes
paroles : « Notre Père qui êtes aux cieux. » Puisque
Dieu est notre Père, quelle ne doit pas être notre
confiance !

Le corps de cette divine prière se divise, comme le
Décalogue, en deux parties. La première regarde
Dieu et comprend ces trois demandes : « Que votre
nom soit sanctifié, que votre règne arrive, que votre
volonté soit faite sur la terre comme au ciel. » La seconde regarde l'homme et renferme quatre demandes :
« Donnez-nous aujourd'hui notre pain quotidien, par-
donnez-nous nos offenses comme nous pardonnons à
ceux qui nous ont offensés, et ne nous laissez pas succomber à la tentation, mais délivrez-nous du mal. »

La conclusion se compose de ce seul mot : « Ainsi soit-il, » c'est-à-dire qu'il soit fait comme je viens de dire, que toutes nos demandes nous soient accordées. C'est donc comme un vœu nouveau, un désir plus vif d'obtenir ce qu'on a sollicité.

Vous dites ensuite la Salutation angélique, composée des paroles de l'archange Gabriel, quand il vint annoncer à Marie le mystère de l'Incarnation, des paroles de sainte Elisabeth et des paroles de l'Eglise.

Vous récitez encore le *Credo*, notre profession de foi, l'abrégé de la doctrine de Jésus-Christ, ce que les Apôtres ont prêché au risque de leur vie, ce qu'ont cru tous les siècles chrétiens. Et vraiment, lorsqu'on le récite dans le silence et le recueillement, on croit voir passer devant soi le cortège des pontifes, des docteurs, des vierges, des martyrs, se dirigeant vers le ciel en répétant ce Symbole qui ne périt pas.

Hélas ! notre conduite n'est pas toujours en rapport avec nos croyances. Quelle sainteté dans notre foi ! Que de misères et de faiblesses dans notre vie ! C'est pour cela que nous en faisons l'humble aveu « à Dieu tout-puissant, à la bienheureuse Marie toujours vierge, à saint Michel archange, à saint Jean-Baptiste, aux bienheureux apôtres saint Pierre et saint Paul, à tous les saints. » Et, comme il est dans les penchants de la nature corrompue de taire nos fautes, de cacher nos torts, nous triomphons de ce penchant en disant hautement que nos péchés sont notre fait. Nous n'i-

mitons pas Adam et Eve qui déguisèrent leur dés-
obéissance ; mais, comme l'enfant prodigue, nous di-
sons : j'ai péché « par ma faute, par ma faute, par ma
très grande faute ».

Cet acte, cet humble aveu est méritoire. Aussitôt
que David se fut écrié : « j'ai péché », le prophète lui
dit : « Dieu a effacé votre péché. » On nous souhaite
également « que le Dieu tout-puissant nous fasse miséricorde, nous pardonne nos péchés, nous conduise
à la vie éternelle ; qu'il nous accorde le pardon, l'absolution et la rémission de nos péchés. »

Vous invoquez la sainte Vierge, votre bon ange
et votre sainte patronne : pourquoi ?

C'est que la vie est un voyage. Quand Pharaon demandait à Jacob quel était son âge, le vieux patriar-
che répondait : « Il y a cent trente ans que je suis
voyageur. » La vie est un voyage : chaque jour est une
petite étape que nous avons à fournir. La route a ses
difficultés, elle est bordée de précipices, elle est fré-
quentée par des voleurs. Dieu a été bon pour nous, il
nous a donné trois compagnons de route, la Vierge
Marie, notre bon ange, notre saint patron. Nous nous
tournons vers eux.

« Sainte Vierge, mère de Dieu, ma mère et ma pa-
« tronne, je me mets sous votre protection, et je me
« jette avec confiance dans le sein de votre miséri-
« corde. Soyez, ô mère de bonté, mon refuge dans
« mes besoins, ma consolation dans mes peines et
« mon avocate auprès de votre adorable Fils, aujour-

« d'hui, tous les jours de ma vie, et particulièrement
« à l'heure de la mort.

« Ange du ciel, mon fidèle et charitable guide, ob-
« tenez-moi d'être si docile à vos inspirations et de
« régler si bien mes pas que je ne m'écarte en rien de
« la voie des commandements de mon Dieu.

« Grande sainte, dont j'ai l'honneur de porter le
« nom, protégez-moi, priez pour moi, afin que je
« puisse servir Dieu comme vous sur la terre, et le
« glorifier éternellement avec vous dans le ciel. »

Viennent maintenant les actes de Foi, d'Espérance
et de Charité. Une indulgence de sept ans et de sept
quarantaines peut être gagnée chaque fois qu'on
récite ces actes, et une indulgence plénière, appli-
cable aux âmes du purgatoire, quand on les récite
tous les jours pendant un mois, en remplissant les
conditions ordinaires, c'est-à-dire en se confessant,
communiant et priant aux intentions du Souverain
Pontife. Il y a, de plus, une indulgence plénière, à
l'article de la mort, pour ceux qui auront été fidèles
à cette pratique durant leur vie.

Vous terminez votre prière par la récitation des
Litanies du saint Nom de Jésus. Il y a dans cette
manière de prier quelque chose de particulièrement
beau et touchant. Ces Litanies, c'est le cri de l'a-
mour qui répète jusqu'à soixante-deux fois le nom
si doux et si cher de Jésus ; c'est le cri de la misère
qui réclame miséricorde et qui, pour émouvoir plus

sûrement le cœur du Sauveur, lui rappelle les mystères si touchants de sa vie et de sa mort.

Le pape Pie IX, confirmant un décret de Sixte V, a enrichi de trois cents jours d'indulgence la récitation des Litanies du saint Nom de Jésus.

Telles sont, mes chères Enfants, les différentes parties dont se compose votre prière du matin, les motifs pour lesquels on les y a placées et les sentiments qui y sont exprimés.

Je suppose sans peine qu'en faisant votre prière vous êtes attentives à ce que vous dites ; que, pour être attentives, vous récitez lentement, posément, les formules ; que vous joignez les mains et que vous baissez les yeux sans affectation et sans effort. Et alors votre prière naturellement monte au ciel, car

> Toute aile vers son but incessamment retombe :
> L'aigle vole au soleil, le vautour à la tombe,
> L'hirondelle au printemps, et la prière au ciel (1).

Vous imaginez-vous ce que sera votre prière du matin si elle est bien faite ? Elle sera comme ces matières odoriférantes que l'on brûle et qui ont la merveilleuse propriété de purifier l'air en y répandant des vapeurs parfumées. Elle sera comme la baguette de Moïse, elle fera sortir du cœur de Dieu l'eau abondante de ses grâces. Elle aura surtout la vertu de rendre impuissants les efforts du démon.

Un jour, dit une légende suisse, tous les démons de

______

(1) Victor Hugo.

Berne sautent par-dessus la barrière de torrents et de montagnes qui séparent le pays catholique du pays protestant; ils aperçoivent sur le versant d'une colline un beau chalet tout neuf, et vite ils vont dire à l'orage : Renverse-nous cela. L'orage accourt, hurlant comme le tonnerre, couchant les vieux sapins comme des herbes, roulant les quartiers de rochers comme le duvet d'un oiseau ; mais devant la porte du chalet il s'arrête.— Va donc ! crient les démons. — Je ne peux passer, leur répond l'orage.— Qui t'empêche ? — Il y a une croix sur la porte, avec les noms... — Quels noms? — Ceux que vous n'aimez point à entendre : les noms de Jésus et de Marie. — Va toujours. — L'orage s'efforce. Mais en ce moment les gens faisaient leur prière et tous les efforts de la tempête ne parvinrent pas seulement à faire ondoyer la fumée du chalet.

Votre prière du matin éloignera le démon ou rendra ses efforts impuissants, votre journée sera bonne, et vous serez la preuve vivante de cette parole de saint Augustin : Celui qui prie bien vit bien.

VIII

LA MÉDITATION

Mes chères Enfants,

Il est dans la Religion trois vertus fameuses qui sont la base et le fondement de toute vie chrétienne, qui prennent l'enfant par la main dès le premier instant de son baptême et qui doivent, dans les desseins de Dieu, après avoir versé sur ses jours la lumière, la force, la consolation, lui ouvrir les portes de l'éternelle patrie. L'art chrétien les a personnifiées : toutes trois ont des ailes. L'une porte la croix rédemptrice, l'autre s'appuie sur son ancre, la troisième présente un cœur; elles se disent l'une à l'autre : « ma sœur, » et elles se nomment la Foi, l'Espérance et la Charité.

La méditation, dont j'entreprends de vous parler aujourd'hui, est un des moyens les plus efficaces pour donner de l'accroissement à ces trois vertus théologales sans lesquelles il ne peut pas y avoir de vie chrétienne. Par elle la Foi se fortifie, l'Espérance s'affermit, la Charité s'enflamme.

L'oraison ou méditation fortifie notre Foi. Pourquoi? parce qu'elle nous place tous les jours en face de quelqu'une des vérités de l'ordre surnaturel. Le ciel avec ses récompenses éternelles, l'enfer avec ses tourments sans fin, Dieu et l'amour immense qu'il a manifesté par la création et surtout par la rédemption, la nécessité de nous sauver et, pour cela, de pratiquer les vertus, le bonheur de la sainte communion, ces vérités et tant d'autres qui sont du domaine de la Foi, viennent successivement nous occuper dans la méditation ; nous les étudions, non d'une manière superficielle, mais approfondie, nous les creusons, nous nous en nourrissons, chaque jour elles entrent en nous de plus en plus.

Non seulement la méditation grave ces vérités dans notre esprit, ce qui déjà contribuerait puissamment à fortifier notre Foi, mais encore elle les fait pénétrer dans notre cœur et les fait passer dans notre conduite ; car les actes de la volonté ne se séparent pas des actes de l'intelligence pendant une méditation bien faite. L'Ecriture rapporte qu'Ezéchiel vit des êtres mystérieux qui avaient des mains d'homme sous leurs ailes. Ainsi en est-il de la chrétienne en oraison : elle s'élève, comme sur des ailes, par les réflexions de son intelligence ; mais elle se propose aussi de mettre la main à l'œuvre et d'agir conformément à ses convictions.

L'âme ainsi saisie par les vérités surnaturelles, dans son esprit qui les médite et dans sa volonté qui les met en pratique, sentira infailliblement sa Foi grandir et se fortifier.

Au contraire, si dans le monde les croyances s'en vont, n'est-ce pas parce qu'il y a peu d'hommes qui repassent dans leur esprit les vérités surnaturelles ? La première chose que les Philistins firent à Samson, lorsqu'ils l'eurent pris, fut de lui crever les yeux. C'est aussi la première chose que le démon tâche de faire aux mondains. S'il ne peut leur arracher entièrement les yeux de la Foi, il fait en sorte qu'ils ne s'en servent pas. Ne pouvant leur crever les yeux, il les leur ferme, et le résultat est le même. Qu'on soit aveugle ou qu'on ait les yeux fermés, on ne voit pas plus dans un cas que dans un autre.

La méditation affermit l'Espérance.

L'Espérance, si je la comprends bien, doit produire en nous un double effet : nous communiquer un mouvement, un essor vers les choses du ciel, c'est pour cela que l'art chrétien lui a donné des ailes ; ensuite, nous affermir au milieu des épreuves de la vie si semblable à une mer agitée, aussi a-t-elle une ancre sur laquelle elle s'appuie. Or l'âme, dans la méditation, s'habitue à penser aux beautés de la vie future, à la vanité des choses présentes ; elle sent cette grande vérité que Dieu nous a faits pour lui, et, logiquement, ses pensées, ses aspirations, ses désirs se portent vers le ciel, comme l'exilé soupire après la patrie absente ;

volontiers elle dirait avec le prophète royal : « Qui me donnera des ailes comme à la colombe, et je m'envolerai et je me reposerai? »

En attendant ce moment fortuné, cette âme reste sur cette terre que David appelle une vallée de larmes et où elle boit l'eau troublée et amère de la vie. Les épreuves, les travaux de toutes sortes, les tentations l'entourent ; à gauche, à droite, partout elle les rencontre, mais la méditation est là pour lui rappeler les bontés infinies de son Dieu, la sagesse qui mène tous les événements, le bras puissant toujours prêt à la soutenir et à la relever si son pied venait à glisser. Aussi elle marche sans crainte : « Le Seigneur est le protecteur de ma vie, que craindrais-je ?... Que mes ennemis dressent leurs camps, mon cœur ne craindra point ; qu'ils me livrent combat, je ne cesserai pas d'espérer. » Comme la mère des Macchabées, la méditation vient dire à l'âme : « Regardez le ciel, et vous mépriserez tous les tourments de ce monde. »

La méditation enflamme notre Charité.

Quand il s'agit des créatures que nous aimons, il ne ferait pas bon de les soumettre à l'épreuve d'une réflexion sérieuse, car bientôt le voile tomberait, et, derrière les nuages d'encens, derrière l'auréole d'amour, la créature nous apparaîtrait ce qu'elle est, chétive et imparfaite. Mais, quand il s'agit de Dieu, qu'il en va d'autre sorte ! Plus nous le connaissons, plus nous l'aimons, et, si nos cœurs sont souvent froids pour lui, c'est que nous le connaissons trop peu. Au ciel nous commencerons par le voir, et, cette vue nous le faisant connaître parfaitement, nous l'aimerons parfaitement. D'ici là, tout ce qui nous fait connaître Dieu davantage est de nature à nous le faire aimer davantage. C'est pourquoi on peut affirmer que, en soi, l'oraison nous fera aimer Dieu de plus en plus parce qu'elle nous le fera connaître de plus en plus.

Permettez-moi d'insister encore sur l'utilité de la méditation et de vous dire cette vérité sous une autre forme.

Vos obligations comme chrétiennes, mes chères Enfants, peuvent se réduire toutes à une seule: l'obligation d'être saintes. C'est, je crois, tout dire en un mot. Être saintes, telle est votre marque, tel est votre caractère comme chrétiennes. C'est pour cela que saint Paul, parlant aux chrétiens, les appelle saints en plusieurs endroits de ses épîtres.

Qu'est-ce qui constitue la sainteté ? L'éloignement du péché, d'une part, et, de l'autre, l'union à Dieu par l'amour. Mais comme, d'un côté, on ne peut se bien dégager du péché si on ne se détache des créatures, et que, de l'autre, on ne peut s'unir à Dieu si on ne pratique des vertus, on peut et on doit dire que, pour acquérir la sainteté, quatre choses sont requises : haine du péché, détachement des créatures, pratique des vertus, amour de Dieu.

Qui nous procurera ces quatre biens ? La méditation.

Pour haïr le péché, pour en concevoir l'horreur que nous devons, il faut en connaître la difformité, il faut en pénétrer la malice, et pour cela il faut l'envisager attentivement, le considérer à loisir, réfléchir à ses causes, à ses effets, à la haine irréconciliable que Dieu lui porte, aux châtiments effroyables qui le suivent, à l'éternité de peines qui ne suffira pas pour l'expier. Ce sont ces considérations, ou d'autres semblables, qui excitent en nous la haine du péché, qui nous font nous écrier, avec sainte Catherine de Gênes, lorsqu'elle eut vu Jésus-Christ, le corps ensanglanté et les épaules chargées de sa croix : « Oh ! plus d'amour du monde, plus de péché. » Eh bien ! où s'entretient-on dans ces considérations attentives et sérieuses ? N'est-ce pas dans la méditation ?

Nous devons nous détacher des créatures et des choses de ce monde. Mais elles ont une apparence qui nous charme, elles nous offrent quelque joie, quelque consolation ; leur extérieur nous captive. Pour en séparer notre cœur, il faut voir à fond ces créatures et ces choses, considérer leur néant, l'impossibilité où elles sont, non seulement de remplir notre cœur, mais même de nous donner une vraie joie ; examiner que, bien loin d'y trouver la paix, on n'y trouve que vanité et affliction d'esprit. Eh bien ! où s'entretient-on dans de telles réflexions ? N'est-ce pas dans l'oraison ?

Pour aimer Dieu et nous unir à lui, ne faut-il pas considérer ses perfections, ses miséricordes, ses bontés ? Et, à mesure que ces considérations seront plus fréquentes, plus profondes, l'amour ne devra-t-il pas croître et grandir ? « C'est dans ma méditation, dit David, que le feu de l'amour divin s'est allumé en moi, » *in meditatione mea exardescet ignis.*

Enfin, dans l'habitude d'étudier Dieu on prend quelque chose de Dieu. Notre ressemblance avec lui croit et se développe, comme la ressemblance de famille dans l'enfant, notre nature se surnaturalise doucement et sans bruit. Comme les chefs-d'œuvre forment les artistes, les principes de la beauté céleste nous forment sous leur action pleine de douceur et de calme. La demi-heure ou le quart d'heure passé tous les jours dans l'intimité avec notre Père céleste agit sur nous, y crée des habitudes d'imitation filiale, les manières de Dieu deviennent nôtres, nous jugeons des choses comme lui, nous reproduisons, quoique d'une façon fort éloignée, ce que nous pouvons appeler le style de son action. Eh bien ! tout cela, qu'est-ce autre chose que la vertu ? la vertu pouvant se définir « une certaine imitation de Dieu. »

Ainsi ces quatre grands avantages : l'horreur du péché, la séparation des créatures, la pratique des vertus, l'union à Dieu, et par conséquent la sainteté, nous viennent de la méditation.

De là l'estime des saints pour l'oraison.

Saint Vincent de Paul avait coutume de dire : « Donnez-moi un homme d'oraison, et je ferai de lui tout ce que je voudrai : il sera capable de toute sorte de bien. »

Saint François de Sales nous dit, de son côté : « Que

fait l'oraison ? Elle expose notre entendement aux clartés de la lumière divine et notre volonté à la chaleur de l'amour céleste. Et peut-il y avoir quelque chose de plus propre à dissiper notre ignorance et à nous purifier de nos affections déréglées ? »

Sainte Thérèse n'a-t-elle pas écrit : « Promettez-moi un quart d'heure d'oraison par jour, et je vous promets le ciel ? » Et n'a-t-elle pas ajouté ailleurs : « Celui qui abandonne l'oraison n'a pas besoin que le démon le pousse en enfer : il y va de lui-même ? »

Aux considérations que je vous ai déjà soumises, je pourrai ajouter que la méditation accoutume l'esprit aux choses sérieuses.

« Ce qui fait le mal des jeunes personnes, ce qui les empêche d'être véritablement vertueuses, c'est la légèreté, la frivolité de leurs idées. Or, rien n'est plus propre à combattre efficacement cette légèreté, et à donner du sérieux à l'âme que l'oraison ou la méditation. Lorsqu'en effet, tous les matins, durant quelques minutes, l'âme fait trêve à ses occupations extérieures pour s'occuper de son Dieu et de ses plus chers intérêts ; lorsqu'elle descend en elle-même pour examiner ses devoirs et ses diverses obligations, ainsi que ses manquements et ses infidélités par rapport à ces devoirs ; lorsqu'elle vient souvent à réfléchir sur la vanité des choses de la terre, de la beauté, de la parure, de l'amitié des créatures, sur la solidité des biens éternels, elle contracte insensiblement le goût des choses sérieuses, les pensées frivoles sortent peu à peu de son esprit, et elle prend goût à des idées plus solides et plus vraies (1). »

Me direz-vous qu'il est trop difficile de méditer ? Je vous répondrai que ce n'est pas plus difficile que de penser sérieusement à toute autre chose. Ne réfléchissez-vous pas quand vous vous livrez à quelque étude, quand vous faites un devoir, quand vous parlez de quelque chose qui vous intéresse? Appliquez votre attention aux choses spirituelles : voilà la méditation. Méditer n'est pas autre chose que réfléchir sérieusement.

Prenez donc, pendant vos années du Pensionnat, l'heureuse habitude de consacrer chaque jour un court instant à la méditation. Ces quelques minutes, ainsi passées en face de quelques vérités religieuses, donnent aux heures de la journée une autre teinte, elles les éclairent d'une lumière divine, elles fixent la vue des objets, elles communiquent à l'âme une divine immobilité au milieu de la variabilité perpétuelle des choses humaines.

Les Hébreux recueillaient la manne chaque matin. La méditation sera la manne qui nourrira votre âme durant le jour.

Ils avaient pour les guider la nuit dans le désert une colonne de feu, et une nuée pour les abriter dans le jour contre les ardeurs du soleil. La méditation vous éclairera au milieu des ténèbres d'ici-bas et vous abritera contre les feux des passions.

(1) *Sujets de méditation pour les jeunes personnes du monde,* par M. l'abbé Michaud, curé des Sables.

Dans les chaleurs de l'été, chaque matin, les habitants des bords de la mer ouvrent, dès le soleil levant, toutes les fenêtres de leurs appartements. Une brise fraîche et vivifiante pénètre, renouvelle l'air de l'intérieur et prépare une provision de fraîcheur pour le reste de la journée ; puis, l'on ferme les volets et l'on se précautionne ainsi contre les ardeurs du jour. Ouvrez aussi, chaque matin, les fenêtres de votre âme, laissez pénétrer la brise du ciel, et vous aurez une provision de fraîcheur et de force pour la journée tout entière.

La méditation terminée, faites le signe de la croix en inclinant un peu la tête, comme pour recevoir la bénédiction de Jésus et de Marie, puis allez sans crainte à toutes les occupations du jour, disant à votre intelligence, à votre cœur, à votre volonté, à toutes vos facultés, comme Jeanne d'Arc aux soldats, au moment de l'assaut donné à Orléans : « En avant ! pour Dieu ! »

IX

LA SAINTE MESSE.

———

Mes chères Enfants,

Aussi loin que notre regard peut s'étendre dans le vaste champ de l'histoire du genre humain, toujours et partout nous voyons des sacrifices. En effet, le monde peut se partager en deux camps : d'un côté, les adorateurs des fausses divinités, de l'autre, les adorateurs du vrai Dieu. Dans les deux camps l'homme immole des victimes au pied d'un autel.

Les idolâtres avaient leurs sacrifices. Longtemps ils immolèrent des animaux, mais ensuite ils en vinrent à offrir des victimes humaines. Notre pays vit ces horribles spectacles. L'imagination recule épouvantée quand elle se représente ces ténébreux bocages où l'on n'arrivait que par des sentiers tortueux, et, au milieu, les druides plongeant leur couteau dans le cœur des victimes, recevant le sang dans des coupes

3*

pour en arroser les branches des arbres et en rougir la terre.

Ces sacrifices des païens déplaisaient à Dieu, parce qu'ils étaient offerts à de fausses divinités, et que d'ailleurs l'homme n'a pas le droit d'attenter à la vie de son semblable.

Les adorateurs du vrai Dieu avaient leurs sacrifices dès l'origine du monde. Caïn offre les fruits de la terre et Abel les premiers-nés de ses troupeaux. Noé, sortant de l'arche, dresse un autel et immole les animaux qu'il a sauvés dans ce but ; Melchisédech offre le pain et le vin. Plus tard, Dieu fixe lui-même à Moïse les règles concernant les victimes qu'il désire, leurs qualités, les rites du sacrifice.

Ces sacrifices des Juifs n'avaient par eux-mêmes aucune valeur, ils n'étaient agréables à Dieu que parce qu'ils figuraient, ils représentaient un autre sacrifice qui, après quarante siècles, devait s'opérer sur le Calvaire.

Un jour donc, un vendredi, sur les trois heures de l'après-midi, aux portes de Jérusalem, un homme mourait. Ses concitoyens l'avaient battu de verges, ils l'avaient couronné d'épines, ils l'avaient abreuvé de fiel et de vinaigre, ils l'avaient cloué à une croix et, sur cet autel sanglant de la croix, la victime s'était offerte au Seigneur. Cet homme, qui mourait ainsi, était le Fils de Dieu ; il l'avait dit et il avait prouvé la vérité de sa parole en accomplissant dans sa personne, dans sa vie, dans sa mort, toutes les antiques prophéties ; il avait prouvé sa divinité en faisant de nombreux et éclatants miracles, et, afin que personne ne l'ignorât, des prodiges publics avaient marqué son dernier soupir : le soleil avait refusé sa lumière, le rocher du Calvaire avait été fendu, le voile du Temple déchiré du haut en bas, les tombeaux ouverts, et plusieurs morts ressuscités s'étaient montrés dans les rues de Jérusalem. A cette heure solennelle, l'outrage fait par le péché à la Majesté de Dieu était surabondamment réparé, car le sang de ce crucifié était d'une valeur infinie, et, de plus, l'homme avait la preuve indiscutable que Dieu l'aimait. Le sacrifice du Calvaire avait fait briller au regard de l'homme tout ensemble le glaive de la justice qui frappe et le sourire de l'amour qui pardonne.

Ce sacrifice sanglant n'eut lieu qu'une fois. Jésus-Christ a trouvé le moyen de le représenter et de le renouveler chaque jour d'une manière non sanglante. Vous avez compris qu'il s'agit de la sainte Messe.

L'explication de votre règlement nous amène à en parler.

La Messe est un sacrifice. La foi nous l'enseigne. Le saint Concile de Trente l'a ainsi défini : « Si quelqu'un dit que la Messe n'est pas un sacrifice véritable, qu'il soit anathème. » Or, le sacrifice est l'acte le plus grand, le plus considérable, dans la religion. La preuve, sans entrer dans de longs détails et faire de grands raisonnements, la preuve, c'est qu'il ne peut

être offert qu'à Dieu. Qu'on rende de grands hon-
neurs aux créatures lorsque leur excellence le mérite, on le peut et quelquefois on le doit ; qu'on leur
apporte des présents, qu'on leur fasse des offrandes,
ce sont des témoignages de notre respect ou de notre
reconnaissance ; qu'on leur adresse même des prières,
c'est légitime et utile. Mais pour le sacrifice, jamais il
n'est permis de le leur offrir ; c'est un honneur souverain qu'on ne peut rendre qu'à une souveraine
Majesté.

Non seulement le sacrifice est un culte si relevé
qu'on ne le doit rendre qu'à Dieu seul, mais même il
est le principal et le plus grand de tous ceux qu'on
lui peut rendre. Et s'il vous plaît d'en entendre une
raison, je vous dirai que, mieux que toute autre chose,
le sacrifice fait paraître notre dépendance vis-à-vis de
Dieu et son domaine absolu sur nous. Représentez-
vous en effet la victime liée sur l'autel ; elle est là,
après tout, pour tenir la place de l'homme. Le prêtre
l'immole : ce sang qui coule sous le couteau du sacrificateur, cette victime qui est détruite, proclame hautement que Dieu a droit, non pas seulement sur les
actions de notre vie, mais sur notre vie elle-même,
qu'il en est le maître absolu, qu'il a tout droit de la
détruire, et aussi qu'il n'y a rien qui soit digne de
paraître devant une si adorable Majesté.

Tel est le sens, la signification du sacrifice. Dire
donc d'abord que la sainte Messe est un sacrifice,
c'est dire beaucoup, puisque c'est le principal honneur que nous pouvons rendre à la divinité. Mais,

mes chères Enfants, il y a bien plus, car la sainte Messe est le plus grand de tous les sacrifices.

Deux choses, n'est-il pas vrai? peuvent relever un sacrifice : la dignité du prêtre qui l'offre, la sainteté de la victime qui est offerte.

Dans le sacrifice dont nous parlons, quelle est la victime? c'est Jésus-Christ. Sur l'autel voici son corps, ce corps qui est né à Bethléem, qui a été transfiguré au Thabor, attaché sanglant à la croix, ressuscité d'entre les morts, assis maintenant glorieux à la droite du Père. Voici son sang, ce sang qui a coulé sur le Calvaire pour la rédemption du genre humain. Voici son âme en qui habite substantiellement la plénitude de la divinité. Voici le Messie après la venue duquel quarante siècles ont soupiré, le Fils bien-aimé en qui Dieu le Père a mis toutes ses complaisances, et, pour tout résumer en un mot, Jésus-Christ Notre-Seigneur et notre Dieu.

Telle est la victime. Non pas que Jésus-Christ perdra la vie, sera tué comme sur le Calvaire. Oh! non. Mais, d'une part, Jésus-Christ est réellement présent, et, de l'autre, les paroles de la consécration prononcées séparément sur le pain et le vin : « Ceci est mon corps ; ceci est mon sang, » nous représentent ce divin Médiateur à l'état de victime et sous l'image de la mort, son corps et son sang étant mystiquement séparés. En cet état et sous ces signes de mort, sera renouvelée la mémoire de l'immolation sanglante de Jésus-Christ sur la croix.

Quel est le prêtre au sacrifice de la Messe? Encore

Jésus-Christ. « Le Christ est prêtre et victime, » dit un concile de Latran. — « Jésus-Christ, dit le concile de Trente, fait encore tous les jours à l'autel ce qu'il fit autrefois sur le Calvaire. » L'homme revêtu du sacerdoce ne fait que prêter à Jésus-Christ ses mains, sa parole, mais Jésus-Christ est le vrai sacrificateur.

Un Dieu pour victime, un Dieu pour sacrificateur, telle est la dignité de la Messe.

Sacrifice sublime dans ses effets. Faut-il adorer? Quelles adorations que celles de Jésus s'immolant devant son Père! Faut-il remercier? En retour des bienfaits reçus on offre Jésus à son Père. Faut-il demander pardon? Nous avons Jésus qui expie. S'agit-il de solliciter quelque grâce? Jésus ne peut-il pas tout obtenir, lui dont la voix est mieux écoutée que celle du juste Abel?

Le sacrifice de la Messe est peu de chose en apparence, mais en réalité que de merveilles il renferme! C'est une action si sublime que nulle autre ne saurait jamais l'égaler; si sainte, que par elle seule Dieu reçoit plus d'honneur et de gloire que par tous les hommages que les Anges et les saints lui ont rendus et lui rendront dans toute l'éternité; si admirable, que par sa vertu le ciel s'ouvre et Jésus-Christ, obéissant à la voix d'un homme, se rend présent pour pourvoir aux besoins de toute l'Église, pour adorer, remercier, satisfaire au nom de nous tous. Comme Bossuet avait donc raison de s'écrier : « Que le sacrifice des chrétiens est grand! qu'il est auguste! mais qu'il est simple, qu'il est humble! Un peu de pain, un peu de vin et quelques paroles le composent. » Habituons-nous donc, mes chères Enfants, à juger des choses, non avec nos yeux de chair, mais avec les données de la foi. L'Enfant qui naissait à Bethléem, dans une grotte abandonnée, n'était aux yeux qu'un enfant ordinaire, la foi nous enseigne qu'il était le Dieu du ciel et de la terre. Egalement ici que voyez-vous? du pain et du vin. Que croyez-vous? Un Dieu immolé.

Que conclure, sinon que nous devons désirer assister à la Messe souvent, tous les jours, si nous le pouvons?

Quelques jours après la bataille d'Austerlitz, le 15 décembre 1805, l'empereur Napoléon Ier signait, au palais de Schœnbrunn, un décret par lequel il créait trois maisons d'éducation pour les filles des membres de la Légion d'honneur. Le château d'Ecouen fut choisi pour y fonder le premier de ces établissements, destiné à servir de modèle aux autres. Napoléon, après avoir pris connaissance de tout ce qui concernait l'ameublement, le régime, l'ordre de la maison, l'instruction et l'éducation des élèves, se fit remettre le règlement intérieur qu'il lut attentivement. Un des projets rédigés par Mme Campan portait que les élèves entendraient la messe les dimanches et les jeudis. Napoléon écrivit en marge, de sa main : « Tous les jours. »

Enfants, quelle protection pour chacune de vos

journées! Écoutez cette légende. Au commencement de janvier 1091, un prêtre du diocèse de Lisieux, nommé Gauchelm, était allé pendant la nuit visiter un malade éloigné du presbytère. Comme il revenait seul et qu'il se trouvait loin de toute habitation, il entendit un grand bruit, comme d'une troupe qui marchait. La lune donnait toute sa clarté. Le prêtre était jeune, grand et fort; il se rangeait donc sans trop de peur au bord du chemin, quand tout à coup un personnage de stature colossale s'approche de lui tenant sur sa tête une lourde massue : Arrête, cria-t-il, et garde-toi de remuer. » Gauchelm demeura immobile, appuyé sur son bâton. Et voici qu'il vit passer une grande multitude de piétons ; tous se lamentaient hautement et s'exhortaient à presser le pas. Suivait un cortège de cinquante cercueils, portés chacun par deux hommes, et sur chaque cercueil était assis un nain avec une tête de géant. Deux Éthiopiens étaient chargés d'une longue pièce de bois, sur laquelle on avait lié un misérable : un démon l'avait enfourché et lui tenait des éperons de feu dans les flancs. Gauchelm reconnut en lui le meurtrier du prêtre Étienne, assassiné l'année précédente. Puis venait une foule considérable de femmes, toutes montées à la manière des dames, sur des selles hérissées de clous rougis au feu. Un vent violent les enlevait et les laissait retomber sur les pointes ardentes, et elles confessaient qu'elles avaient mérité leurs peines par leurs impuretés. Effrayé de ces terribles visions, le prêtre en attendait de plus terribles encore. Voici qu'une armée de chevaliers s'avançait, tous montés sur leurs chevaux de bataille ; leurs armures étaient noires et étincelantes de feu, et des bannières noires guidaient les escadrons. Il reconnaissait dans leurs rangs plusieurs seigneurs morts depuis peu de jours. Or Gauchelm commença à se dire en lui-même : Voilà la chevauchée des morts que beaucoup de gens disent avoir vue et dont je n'avais rien voulu croire. On ne me croira pas davantage si je ne rapporte quelque gage aux vivants En disant ces mots il voulut saisir à la bride un des chevaux sans cavaliers qui suivaient la troupe ; mais quatre hommes, se jetèrent sur lui et l'eussent fait périr s'il n'eût invoqué la bienheureuse Mère du Christ. Alors survint un chevalier, l'épée au poing, qui mit les premiers en déroute, délivra Gauchelm, et se fit reconnaître pour son frère, mort depuis quelques années : « Tu devais mourir, lui dit-il, et partager nos peines pour les avoir contemplées d'un œil téméraire. Mais la messe que tu chantas ce matin t'a sauvé la vie. Je te quitte, secours-moi de prières et d'aumônes. »

Oh ! combien je suis convaincu que souvent nous serions menacés de perdre, non peut-être la vie du corps, mais celle de l'âme, et la messe, entendue le matin pieusement, devient notre protection et notre sauvegarde.

Je ne veux pas terminer sans vous signaler les défauts qui, à votre âge surtout, rendraient inutile, et quelquefois coupable, votre assistance à cet auguste sacrifice.

C'est d'abord la *routine*, la terrible routine : on va aujourd'hui à la messe parce qu'on y est allé hier; la messe trouve sa place dans la matinée, tout comme autre chose.

C'est la *nonchalance* qui se tient dans toutes les postures, même les moins respectueuses. Où donc se mortifiera-t-on si on ne le fait pas devant Jésus-Christ qui renouvelle le sacrifice de la croix par amour pour nous ?

C'est la *curiosité* qui fait porter les regards de côté et d'autre pendant que ceux de Jésus-Christ sont fixés sur nous.

C'est encore la *dissipation d'esprit* qui pense à mille choses, inutiles, peut-être mauvaises, pendant que Jésus-Christ traite de nos intérêts avec son Père.

Pour écarter ces défauts, voici ce que je vous propose :

En allant à la chapelle, pensez aux saintes femmes qui suivirent le Sauveur quand il gravissait le rude sentier du Calvaire. Comme elles durent être vivement impressionnées !

A la chapelle, rappelez-vous Marie au pied de la croix ; la vue de son Fils s'immolant absorbait toutes ses pensées et tous ses sens.

Sortez comme les Juifs qui quittaient le Calvaire recueillis et repentants.

X

LA SAINTE COMMUNION.

MES CHÈRES ENFANTS,

En instituant la sainte Eucharistie, Jésus-Christ a prononcé deux paroles : « Ceci est mon corps, » c'est la première parole; « Prenez et mangez, » c'est la seconde.

La première nous apprenait le grand miracle qui venait de s'opérer, et nous en imposait la croyance. Appuyées sur des paroles si claires, si formelles, si précises, vous croyez à la présence de Jésus-Christ au Très-Saint Sacrement, et volontiers, malgré l'insondable mystère qui déconcerte notre raison, vous répondriez aux contradicteurs, avec le grand Bossuet : « Jésus a dit : Ceci est mon corps, c'est donc son corps ; il a dit : Ceci est mon sang, c'est donc son sang. »

La seconde parole : « Prenez et mangez, » nous

invitait à recevoir ce corps sacré comme la nourriture de nos âmes.

J'ai l'intention de vous entretenir de la sainte Communion. Je ne vous dirai pas l'obligation où nous sommes de communier, ni les dispositions à apporter à ce grand sacrement, ni les effets de la venue de Jésus-Christ dans nos âmes, mais seulement la manière dont on communiait autrefois et dont on communie maintenant, et les rites sacrés qui accompagnent ce grand acte.

Ce ne sera pas sans quelque utilité pour vos âmes.

De tout temps les fidèles ont communié à la sainte Messe, après le prêtre. Telle est la règle établie. C'est, en effet, après avoir offert avec le prêtre la Victime du sacrifice qu'il convient qu'on y participe avec lui. D'après le rituel romain, on ne peut remettre la communion après la Messe, ni la donner avant la Messe, ni en dehors de la Messe, sans un motif raisonnable.

Avant qu'on commençât à distribuer la communion, le diacre disait à haute voix : *Sancta sanctis* ! Les choses saintes sont pour les saints. Comme s'il eût dit : Que ceux qui ne sont pas saints, qui n'ont pas en eux la grâce sanctifiante, se gardent de participer au sacrement eucharistique.

Puis, en dehors de la balustrade qui séparait le sanctuaire de la nef, les fidèles recevaient la communion debout. Ils imitaient ainsi les enfants d'Israël qui mangeaient debout, les reins ceints, le bâton du voyageur à la main, l'agneau figuratif de l'Eucharistie. Cependant ils inclinaient un peu la tête et tenaient les yeux baissés, pour exprimer les sentiments d'adoration avec lesquels ils prenaient cette nourriture divine, que personne, comme s'exprime saint Augustin, ne doit recevoir sans l'avoir adorée auparavant.

De nos jours encore, lorsque le Souverain Pontife célèbre la messe solennelle, le diacre y communie debout, sans doute pour rappeler l'antique usage.

Tous, ou presque tous ceux qui assistaient à la Messe faisaient la sainte communion.

Les hommes venaient les premiers. Ils recevaient la sainte hostie dans leur main nue, et se communiaient eux-mêmes. Les femmes venaient après, et recevaient la sainte hostie dans la main droite couverte d'un linge blanc appelé *dominicale*.

Quelques accidents ayant eu lieu, l'Eglise ordonna aux prêtres de ne plus déposer ainsi l'espèce du pain dans la main des fidèles, mais de la porter à la bouche des communiants. Ce changement de discipline s'accomplit vers le neuvième siècle.

Les fidèles communiaient ensuite sous l'espèce du vin. Les diacres où les prêtres leur présentaient le calice dans lequel était le vin consacré, et leur en faisaient boire. Saint Cyrille de Jérusalem raconte ce rite sacré : « Après avoir communié au corps de Jésus-Christ, dit-il, approchez-vous du calice du sang, non pas en étendant les mains, mais en vous inclinant comme pour l'adorer et lui rendre hommage. Sanctifiez-vous par l'attouchement de ce sang de Jésus-

Christ que vous recevez. Pendant que vos lèvres en sont encore trempées, essuyez-les avec la main, et portez-la aussitôt à vos yeux, à votre front, et aux autres organes de vos sens pour les consacrer. Enfin, attendant la dernière prière du prêtre, remerciez Dieu de ce qu'il vous a fait participer à des mystères si grands et si élevés. »

Cette manière de communier subsistait encore à la fin du sixième siècle. Alors s'introduisit l'usage de prendre le précieux sang avec un chalumeau. La crainte des accidents et des profanations même involontaires en fut la cause. Dans la suite, pour y parer encore plus sûrement, on se mit à donner ensemble les deux espèces. Pour cela, on mettait dans la bouche des communiants une hostie trempée dans le sang précieux.

Toutefois, bien que l'on communiât sous les deux espèces pour imiter ce qu'avait fait Jésus-Christ qui, après avoir donné le pain à ses Apôtres, en leur disant : « Prenez et mangez, ceci est mon corps, » leur avait présenté le calice, disant : « Prenez et buvez, ceci est mon sang, » on ne croyait pas que ce fût nécessaire. La preuve, c'est que les chrétiens n'emportaient chez eux que l'espèce du pain. On gardait seulement l'espèce du pain pour la communion des malades. Les personnes qui avaient pour le vin une répugnance invincible ne recevaient que le pain consacré. Il y avait même des jours où tous les fidèles communiaient seulement sous l'espèce du pain. Tels étaient, dans l'Eglise d'Orient, les jours de Carême, à la réserve des samedis et des dimanches. D'ailleurs, l'Eglise a toujours enseigné que Jésus-Christ est tout entier présent sous chacune des deux espèces, et par conséquent qu'on le reçoit avec son corps, son sang et sa divinité, en recevant seulement le pain consacré.

Peu à peu l'usage de la communion sous les deux espèces diminua. La crainte de répandre le précieux sang, inconvénient majeur qui alarmait les fidèles et le clergé, et auquel il était néanmoins difficile de remédier, surtout dans les grandes solennités où tout le peuple communiait; le dégoût que certaines personnes ont pour le vin; la difficulté, dans certaines contrées, de se procurer une assez grande quantité de vin : tout contribua à faire cesser l'usage de la communion sous les deux espèces. Enfin, en 1414, au Concile de Constance, défense formelle fut faite de donner aux fidèles la communion sous l'espèce du vin.

Voici maintenant les rites sacrés qui accompagnent, de nos jours, la distribution de la sainte communion.

Par la bouche du clerc ou du diacre, les communiants font la confession générale de leurs péchés, en récitant le *Confiteor*. Cet usage remonte au delà de cinq cents ans. Le prêtre se tourne vers les fidèles et dit:« Que le Dieu tout-puissant vous fasse miséricorde, et qu'après vous avoir pardonné vos péchés, il vous conduise à la vie éternelle. » Par la bouche du clerc tous répondent : « Qu'il en soit ainsi ! Amen ! » Le prêtre ajoute : « Que le Seigneur tout-puissant et miséricordieux vous accorde l'indulgence, l'absolution et la rémission de vos péchés. » Encore par la voix du clerc tous répondent : « Qu'il en soit ainsi ! Amen ! »

Il n'y a là ni une confession ni une absolution sacramentelles, mais, sur le point de recevoir le Dieu de toute sainteté, l'âme doit éprouver le besoin de se purifier de plus en plus. Ce *Confiteor*, ce *Misereatur*, cet *Indulgentiam* produisent sur l'âme l'effet de l'acte de Jésus-Christ lavant les pieds de ses Apôtres, avant de les laisser participer au banquet eucharistique. « Celui qui est pur n'a plus besoin que d'une chose : c'est qu'on lui lave les pieds, » c'est-à-dire qu'on efface les moindres souillures, « et alors il est pur entièrement. »

Unissez-vous, au moins de cœur, à celui qui récite le *Confiteor* ; excitez en vous des sentiments d'humilité au souvenir de vos fautes, de regret de les avoir commises, de désir d'être pardonnées de plus en plus. « Oui, mon Dieu, j'ai un extrême regret de vous avoir offensé, parce que vous êtes infiniment bon, infiniment aimable, et que le péché vous déplaît ; je fais un ferme propos, moyennant votre sainte grâce, de ne plus vous offenser et de faire pénitence. »

Le prêtre prend la sainte hostie, la montre aux fidèles en la tenant élevée au-dessus du ciboire, et dit : « Voici l'Agneau de Dieu, voici Celui qui efface les péchés du monde. » Ce sont les termes mêmes dont se servit le Précurseur quand il montra le Messie à ses disciples.

Il convient que vous fassiez alors un acte de foi sur la présence réelle : « O Jésus, mon Seigneur et mon Dieu, je crois fermement que vous êtes dans le divin sacrement de l'autel, et je vous y adore de tout mon cœur. »

Le prêtre ajoute immédiatement les humbles paroles du centenier de l'Evangile : « Seigneur, je ne suis pas digne que vous entriez dans ma maison, mais dites seulement une parole, et mon âme sera guérie. » Au lieu de *mon serviteur* il y a *mon âme*, pour bien appliquer le sens du texte sacré. Le prêtre le dit par trois fois, parce que nous péchons par pensées, par paroles, par actions, et que ces trois sortes de péchés nous rendent trois fois indignes de recevoir Jésus-Christ.

Je vous conseille de dire, vous aussi, ces paroles, de vous frapper la poitrine, comme le publicain, en les prononçant. « Oh ! non, Seigneur, je ne suis pas digne de vous recevoir après vous avoir tant offensé ; mais dites seulement une parole, et mon âme sera guérie. »

Le prêtre s'approche de chaque communiant qui doit être à genoux, par respect ; sans gants, pour témoigner la sincérité des sentiments et l'absence de toute hypocrisie ; sans armes aucunes, parce qu'on s'approche du Dieu de paix ; les mains posées sous une nappe blanche qui rappelle les suaires dont fut enveloppé le corps de Jésus, ou encore le linge dans lequel les femmes emportaient l'Eucharistie avec elles durant les persécutions.

Tenez la tête droite pour ne pas gêner l'action du prêtre. Ayez les yeux baissés par modestie, et pour favoriser le recueillement intérieur. Il n'est cependant pas nécessaire que les yeux soient fermés, et j'aime bien que l'on regarde la sainte hostie, ne serait-ce que pour purifier et sanctifier les yeux par ce regard. Ouvrez médiocrement la bouche et avancez un peu la langue en l'appuyant sur la lèvre inférieure.

Avant de donner la sainte hostie, le prêtre fait avec elle le signe de la croix, pour rappeler que c'est le même corps qui a été suspendu à la croix et pour bénir le communiant avec ce corps sacré, et il prononce ces paroles : « Que le corps de Notre-Seigneur Jésus-Christ garde votre âme pour la vie éternelle ! »

Autrefois le prêtre disait : « Le corps de Jésus-Christ ! » Le communiant répondait : « Amen ! » Il est ainsi, je le crois. Vers le huitième siècle la formule dont on se sert actuellement a remplacé l'ancienne.

En ce moment soyez tout au désir de recevoir Celui qui vient : « Venez, ô tout aimable Jésus, venez prendre possession de mon cœur ; je désire ardemment vous recevoir et me donner à vous pour toujours. »

Le prêtre dépose la sainte hostie sur la langue.

Je ne suis pas surpris de voir Jésus-Christ entrer ainsi dans notre bouche, non seulement parce qu'il a voulu nous être donné sous la forme d'une nourriture, mais aussi parce que la bouche est l'organe principal de l'âme, l'organe de ses pensées, de ses désirs, de ses volontés.

Quand vous avez reçu la sainte hostie, retirez la langue, fermez la bouche, baissez un peu la tête, évitant de le faire brusquement, évitant aussi de toucher la nappe avec votre bouche. Cette nappe n'est point destinée à essuyer les lèvres, mais à recevoir la sainte hostie si elle vient à s'échapper des doigts du prêtre, et empêcher qu'elle ne tombe à terre.

Avalez la sainte hostie aussitôt qu'elle est suffisamment humectée. C'est, à proprement parler, le vrai moment de la communion ; c'est à ce moment que le sacrement opère son effet. Si vous laissiez l'hostie fondre entièrement, sans l'avaler, vous n'auriez pas communié, car on n'a mangé que ce qui de la bouche passe dans l'estomac.

Si la sainte hostie s'attachait à votre palais, il faudrait la détacher doucement, sans vous troubler et sans y porter les doigts.

Retournez pieusement à votre place, marchant posément, un peu comme le prêtre qui porte le Saint-Sacrement, car vous êtes devenues des ostensoirs vivants, des ciboires vivants.

Faites votre action de grâces sans recourir, tout de suite du moins, à votre livre.

Vous souvient-il qu'après l'institution de l'Eucharistie, Jésus-Christ et les Apôtres récitèrent ensemble l'hymne de la reconnaissance ? Qu'elle dut être pieuse, qu'elle dut être touchante cette première action de grâces qui suivit cette première communion que la terre voyait ! Que la vôtre soit quelque chose de semblable !

Commencez par adorer Celui que vous possédez. Quand Dieu introduisit son Fils dans le monde, l'Ecriture nous dit qu'il donna ordre aux Anges de l'adorer. Adorez avec les Anges ; dites : « Vous voici donc, ô divin Jésus, descendu dans mon cœur. Je vous adore comme l'Agneau de Dieu immolé pour le salut du monde ; j'unis mes adorations à celles que les Anges et les saints vous rendent dans le ciel. »

Après avoir adoré l'Hôte divin qui vous visite, parlez-lui de tous ceux qui ont droit à votre affection.

Parlez-lui de vos chers parents. Si vous saviez comme ils vous aiment, quelle large place vous occupez dans leurs pensées et dans leurs cœurs !

Parlez de vos frères, de vos sœurs, de tous ceux qui vous sont unis par les liens du sang, de tous ceux à qui vous êtes redevables de quelque bien. Parlez de vos excellentes maîtresses dont la vie n'est qu'un long et perpétuel dévouement. Parlez du prêtre qui, avec un soin paternel, dirige vos consciences, vous éclaire, vous pardonne au nom de Dieu, à qui vous parlez à genoux, en lui disant, comme à Dieu : Mon Père.

N'oubliez pas vos morts ; demandez pour eux le lieu de rafraîchissement, de lumière et de paix.

En retour du bienfait immense de la communion, offrez-vous à Jésus. Il s'est donné tout entier, pourriez-vous lui refuser quelque chose ? Votre esprit, votre cœur, votre volonté, votre corps, votre vie, votre mort, donnez tout. « Oh ! oui, mon Dieu, je vous offre tout ce que je suis et tout ce que je possède et je veux me donner à vous pour toujours. »

De son côté, le prêtre, poursuivant la Messe, dit : « Faites, Seigneur, que nous conservions dans un cœur pur le sacrement que notre bouche a reçu, et que le don qui nous est fait dans le temps nous soit un remède pour l'éternité. »

« Que votre corps que j'ai reçu, Seigneur, et que votre sang que j'ai bu, s'attache à mes entrailles : faites qu'après avoir été nourri par des sacrements si purs et si saints, il ne demeure en moi aucune souillure du péché. Accordez-moi cette grâce, ô Dieu qui vivez et régnez dans tous les siècles des siècles. Amen. »

Maintenant allez où Dieu vous appelle. Allez à l'obéissance avec le Jésus qui fut obéissant jusqu'à la mort ; allez au travail avec le Jésus qui fut dans les travaux dès sa jeunesse ; allez à la pratique de toutes les vertus en compagnie du Dieu qui a bien fait toutes choses. Et devant tout ce qui peut coûter à la nature, en présence de toutes les difficultés, dites-vous, confiantes et reconnaissantes : Ce matin, j'ai communié.

Pour moi, mes chères Enfants, tout ce que mon cœur de prêtre et d'ami peut vous souhaiter d'heureux, je le résume dans ces mots qui vous sont dits toutes les fois que vous avez le bonheur de communier : Que le corps de Notre-Seigneur Jésus-Christ garde votre âme pour la vie éternelle !

Il y a ici-bas bien des dangers. Le monde est une mer féconde en naufrages. Jésus est le pilote. Il y a bien des ennemis : Jésus-Christ est le Dieu tout-puissant, plus fort que tous les ennemis réunis. C'est lu qui sera votre gardien et votre protecteur : Que le corps de Notre-Seigneur Jésus-Christ garde votre âme.

Cette vie passe vite, elle est une fumée promptement dissipée, un flambeau qui brille et dure peu, une fleur qui se flétrit rapidement ; mais, ô bonheur, il y a la vie bienheureuse et sans fin dans le sein de Dieu. C'est pour cette vie que le corps de Jésus Christ gardera votre âme. Enfants, encore une fois, que le corps de Notre-Seigneur Jésus-Christ garde votre âme pour la vie éternelle ! Amen !

XI

L'ÉTUDE.

Mes chères Enfants,

Il me semble que trois voix s'élèvent incessamment pour nous prêcher la nécessité du travail. La première voix est celle de la nature. Tout travaille autour de nous. Voyez l'oiseau, qui semble cependant être le type de l'être sans souci : que de soins pour bâtir son nid ! Il croise de petites branches dans la cime d'un arbre, ou porte de longues pailles dans le trou d'un vieux mur, ou maçonne son édifice au faîte de nos maisons ; puis, quand l'ouvrage extérieur est terminé, il s'en va chercher le duvet le plus léger des plantes ou bien le brin de laine que la brebis a laissé suspendu à la ronce ; il en tapisse le fond de son nid afin que ses petits y trouvent une molle couche.

Qu'est-il besoin de vous parler du travail des abeilles, de leurs voyages de fleurs en fleurs pour recueillir les sucs dont elles composeront leur miel ?

Vous avez vu travailler les fourmis. Quel courage pour traîner à leurs petites demeures des grains souvent aussi gros qu'elles, et qui seront leur provision d'hiver ! Aussi est-il dit, au livre des Proverbes : « Paresseux, va vers la fourmi, considère son labeur et deviens sage. »

La seconde voix qui nous parle de la nécessité du travail, ce sont les exemples des saints et de Jésus-Christ. Jésus-Christ a voulu travailler dans l'atelier de saint Joseph. A sa suite, tous les saints se sont enrôlés sous la bannière du travail; ils ont fui l'oisiveté comme le plus grand danger ; ils ont voulu que leur vie fût occupée; ils avaient pour adage : « Que le démon ne vous trouve jamais oisif. »

Au-dessus de la voix de la nature et de la voix des saints, s'élève la grande voix de Dieu. Ecoutez-la : « Tu mangeras ton pain à la sueur de ton front. Tu travailleras six jours, et le septième tu te reposeras. »

Or, mes chères Enfants, les formes du travail varient pour les personnes suivant leur position. Le laboureur arrose la terre de ses sueurs ; la couturière se condamne tout le jour à la monotonie du même travail ; la mère se dévoue aux soins pénibles et minutieux de sa maison; le prêtre, dans la chaire, au confessionnal, dans la visite des malades, use sa vie pour le salut du peuple. Votre travail à vous, ce sont les études classiques.

Je voudrais répondre aujourd'hui à ces deux questions : Devez-vous étudier ? Comment devez-vous étudier ?

Devez-vous étudier ? — Oui, car l'étude est la condition indispensable à laquelle Dieu a mis l'acquisition de la science.

Notre âme est un beau palais. Dieu, qui l'a bâti et nous en a fait présent, nous laisse le soin de le meubler. Les diverses sciences sont les meubles de ce palais de notre âme. Les livres m'apparaissent comme les magasins où ces meubles et ces ornements sont en vente ; nous les achetons par l'étude.

Notre âme est un champ : pour se couvrir de riches moissons, elle a besoin d'être ensemencée. Les livres sont comme le dépôt de la semence ; l'étude est la main qui prend cette semence et la verse dans notre esprit.

Nous naissons tous pauvres ; mais Dieu a mis entre nos mains des aptitudes, des facultés qui sont les instruments avec lesquels nous pouvons nous enrichir. Cette fortune de l'esprit se fait, comme la fortune matérielle, par le travail soutenu et le bon emploi du temps.

Il faut donc étudier parce que le travail de l'étude est la condition à laquelle Dieu a mis l'acquisition de la science.

Vous devez travailler en second lieu parce que par là vous répondez aux désirs de vos parents. Croyez-vous qu'il ne leur en coûte pas de se séparer de vous, vous qui occupez une si large place dans leurs pensées, dans leurs cœurs, dans leurs vies? Quand votre bon père arrive fatigué, le soir, et qu'il vous voit, cette vue lui fait tout oublier, il est heureux et délassé en vous voyant sourire. Et cependant vos parents se s'ont dit : Renonçons aux baisers de notre enfant. Ils ont fait ce grand sacrifice parce qu'ils ne pouvaient pas vous instruire eux-mêmes, et qu'ils voulaient que vous fussiez instruites. De plus, l'instruction entraîne des dépenses,. les dépenses supposent presque toujours des sacrifices. Ces sacrifices, vos parents les font volontiers, car ils se sont dit : Notre fille en profitera. Voudriez-vous tromper l'attente de vos bons parents et rendre leurs sacrifices inutiles ?

Il faut étudier, en troisième lieu, parce que c'est, pour vous, le seul moyen d'être heureuses au Pensionnat.

« Le chemin du paresseux, dit la sainte Ecriture, est comme une haie d'épines. » Ces épines, c'est d'abord la honte, car, dit encore l'Ecriture, « tous parleront du paresseux avec mépris. » Cette parole se vérifie à la lettre dans une maison d'éducation. Les compagnes ne peuvent estimer une paresseuse, les maîtresses encore moins. Je ne comprends pas qu'on puisse demeurer toute une année sous ces sourires dédaigneux, et ne pas se sentir la rougeur monter au front, être attaché à un pilori d'ignominie, et se dire : N'importe, j'y resterai.

Ces épines, ce sont les punitions qui deviennent le pain quotidien de la paresseuse, les gronderies continuelles, les sévères réprimandes. Ces épines, c'est l'ennui qui accompagne presque toujours l'oisiveté, c'est le cri de la conscience qu'on cherche vainement à étouffer et qui dit à la paresseuse : Vous êtes le chagrin de vos maîtresses, le scandale de vos compagnes, la désolation de vos parents. De quelque côté qu'elle se tourne, la paresseuse rencontre, comme des épines, la honte, les punitions et la douleur.

Vous devez donc étudier. Mais il ne suffit pas d'étudier, il le faut faire d'une manière chrétienne, et pour cela bien observer ce qu'il y a à pratiquer avant, pendant et après l'étude.

Avant l'étude, il faut réciter avec piété la petite prière qui précède pour demander à Dieu de bénir le travail, et aussi pour le lui offrir, puisque Dieu ne récompensera un jour au ciel que ce que nous aurons fait pour lui.

Pendant l'étude, il faut travailler avec ardeur.

Ne vous a-t-on pas cité l'exemple de quelques hommes qui ont été des modèles d'ardeur à l'étude ? Démosthène, qui s'était construit une cellule souterraine où il passait deux ou trois mois sans sortir afin de composer ses discours et s'exercer au débit oratoire. Pline l'Ancien, qui travaillait partout, même en voyage, même au bain. Bossuet qui, pendant dix-sept ans, interrompait son sommeil, se levait au milieu de la nuit pour prier comme le plus humble des chrétiens, et donner ensuite quelques heures à son travail.

Ce n'est pas un travail aussi écrasant qu'on exige de vous ; mais on veut que vous employiez cons-

ciencieusement le temps fixé pour l'étude par le règlement de la maison. Et, s'il vous faut quelque chose
pour exciter votre courage, je vous proposerai ces
trois pensées : 1° La peine est partout. L'étude, il est
vrai, est souvent une croix lourde et pesante ; mais
la peine est la compagne inséparable de toutes les
œuvres humaines, et, en changeant de position, vous
ne feriez que changer votre croix. Il y a de petites filles
de votre âge que la Providence n'a pas appelées à
une vie d'étude ; mais leurs jours ne s'écoulent pas
dans le repos d'une honteuse oisiveté, et si vous étiez
condamnées à suivre la même carrière, vous regrette-
riez bientôt vos livres et les heures d'étude qui vous
paraissent quelquefois si longues et si pénibles.

2° Vous semez, mais un jour vous récolterez. La
science a ses hivers et ses sécheresses ; mais, comme
le laboureur, il faut savoir braver la rigueur des
saisons afin d'enrichir son esprit.

3ᵉ Vous devez vous souvenir de vos fautes, et l'étude
est un moyen excellent d'expiation.

Je le sais, il est des enfants chez lesquelles la paresse
semble n'être pas précisément de leur faute, elle tient
à leur état de santé, elle est l'effet de leur constitution physique. Chez elles nul doute que cette apathie
ne soit plus difficile à détruire parce que ses racines
sont plus profondes ; mais, avec le temps et des efforts
énergiques, il n'est pas de défaut qui ne puisse se
corriger, surtout dans la jeunesse. Je conseillerais à
ces natures endormies de partager le temps par la
pensée et de vaincre ainsi plus facilement un ennemi

divisé. Qui les empêcherait, par exemple, de se dire le matin : Je ferai des efforts sur moi même et je travaillerai assidûment à la première étude ? A midi la même résolution serait renouvelée pour le soir. Ainsi elles contracteraient peu à peu l'habitude du travail, et, après quelques mois, cette action lente et insensible, cette victoire de tous les jours, aurait triomphé de l'inertie du tempérament.

Recourez à Dieu dans les difficultés. Ce qui vous paraît si difficile n'est rien pour Dieu. Le saint curé d'Ars disait qu'il avait appris ce qu'il savait à force d'*Ave Maria*.

Surtout ne vous laissez pas décourager quand vous ne comprenez pas, ne jetez pas le manche après la cognée ; la goutte d'eau use le rocher le plus dur, votre travail persévérant viendra à bout de tout.

L'histoire d'Isidore de Séville, l'un des auteurs les plus illustres de l'Espagne au vi⁰ siècle, en est une preuve. Isidore était élevé par son frère aîné Léandre qui l'aimait comme un fils. Un jour le jeune Isidore, craignant les corrections de son frère parce qu'il ne pouvait pas apprendre, s'enfuit de l'école de Séville. Après avoir erré quelque temps dans la campagne, exténué de soif et de fatigue, l'enfant s'assit auprès d'un puits, et se mit à regarder avec curiosité les sillons qui en creusaient la margelle. Il se demandait d'où provenait ce travail, lorsqu'une femme qui venait chercher de l'eau au puits, et que frappèrent vivement la beauté et l'humble innocence de l'écolier, lui expliqua que les gouttes d'eau, en tombant sans cesse sur le même endroit, avaient creusé la pierre. Alors l'enfant rentra en lui-même, et se dit que si la dureté de la pierre se laissait ainsi creuser goutte à goutte par l'eau, son esprit finirait bien aussi par subir l'empreinte de l'enseignement. Il retourna auprès de son frère, et acheva son éducation de façon à posséder bientôt le latin, le grec et l'hébreu. Il devint plus tard évêque de Séville, et fut l'oracle de l'Eglise d'Espagne au vi° siècle.

Après l'étude, il faut, par une courte prière, remercier Dieu et lui demander pardon des fautes que vous avez pu y commettre : petites pertes de temps, paroles défendues par le règlement, pensées de vanité, peut-être de jalousie.

Souvent le fleuve le plus magnifique n'est, à son origine, qu'un mince filet d'eau ; mais, à mesure qu'il avance, il s'enrichit du tribut des affluents qui lui arrivent de toutes parts dans les pays qu'il traverse. Lui qui naguère pouvait à peine porter la barque légère du pêcheur, le voici s'avançant avec majesté portant de grands vaisseaux de commerce, enrichissant les villes bâties sur ses bords et projetant avec fracas dans l'océan une masse d'eau énorme. Tel l'esprit qui étudie. Ce n'est d'abord que peu de chose ; mais les livres, les sciences lui apportent leur tribut, il devient un grand fleuve.

Cette pensée est de saint Basile.

Terminons par la parabole du père de famille qui, à différentes heures du jour, envoie des ouvriers travailler à sa vigne. Vous l'avez lue dans le saint Évangile. Cette vigne à cultiver, c'est votre intelligence. — Ces ouvriers, c'est vous. — Ce père de famille, c'est Jésus-Christ. — Les différentes heures du jour, ce sont vos différentes études. — La récompense, c'est la joie de la conscience, c'est la satisfaction donnée aux parents et aux maîtresses, ce sont les bonnes notes, les prix, c'est un avenir heureux préparé, et, par delà les récompenses du temps, les grandes récompenses de l'éternité : car si Dieu rémunère un verre d'eau froide donné en son nom, comment pourrait-il laisser sans récompense nos longues heures d'étude ?

XII

LA CLASSE

MES CHÈRES ENFANTS,

Nous avons commencé quelques entretiens sur les principales actions de vos journées. Nous avons parlé du lever, de la toilette, des soins de propreté, de la prière du matin, de la méditation, de la sainte Messe, de la communion, de l'étude.

Aujourd'hui, allons en classe.

Monsieur Beautru, de l'Académie française, ayant été envoyé en Espagne, alla à l'Escurial, où il visita la bibliothèque. Une conférence qu'il eut avec le bibliothécaire lui fit juger que ce n'était pas un habile homme. Il vit ensuite le roi qu'il entretint des beautés de cette maison royale et du choix qu'il avait fait de son bibliothécaire ; il lui dit qu'il avait remarqué que c'était un homme rare et que Sa Majesté pourrait le faire surintendant de ses finances. « Pourquoi ?

lui dit le roi. — Sire, c'est que, comme il n'a rien pris dans vos livres, il ne prendra rien de vos finances. »

La classe qui suit l'étude a pour but de s'assurer si vous avez pris quelque chose dans vos livres, ou si, semblables au bibliothécaire espagnol, vous n'y avez rien pris. De là les deux parties qui composent toute classe : la récitation des leçons et la correction des devoirs.

La mémoire est une de nos facultés les plus précieuses, quoiqu'elle ne soit pas la plus essentielle. Elle est nécessaire à l'application et au travail sérieux; son usage est indispensable dans les études littéraires et scientifiques; aussi ne devons-nous pas négliger son perfectionnement. Sans doute, selon la remarque d'un auteur qui s'occupa longtemps des enfants, cette faculté précieuse est un don de la nature, mais elle se développe par l'exercice. Des mémoires primitivement ingrates sont devenues, avec du soin et de la patience, sinon parfaites, du moins suffisantes pour les besoins ordinaires ; tandis que des mémoires excellentes ont souvent perdu toute leur vigueur par le défaut d'exercice. « Aucune faculté, dit Quintilien, ne se développe par les soins et ne se détériore par la négligence comme la mémoire. » La jeunesse est le moment le plus favorable pour cultiver la mémoire, le cerveau est plus libre, les impressions se gravent avec plus de facilité. Avec les années les organes perdent cette élasticité si précieuse dans les travaux de l'intelligence, et lorsqu'un long exercice n'a pas assoupli nos facultés, il en résulte une difficulté pratique que rien ne peut vaincre et qui résiste aux efforts les plus persévérants. Les leçons bien apprises développent la mémoire : voilà pourquoi les maîtresses attachent une si grande importance à leur récitation. Elles savent, comme le disait le sage et judicieux Rollin, qu'il faut bien se donner de garde de compter pour perdu le temps que l'on consacre à cultiver la mémoire : il n'en est peut-être point de mieux employé dans la jeunesse. Elles comprennent, suivant un mot de Quintilien, que toute science repose essentiellement sur la mémoire, et elles veulent la développer.

La récitation des leçons a encore un autre précieux avantage, c'est de former le langage. On apprend ainsi les mots, la construction des phrases ; l'oreille, par un merveilleux instinct, se forme à l'harmonie du style, l'élocution devient facile et naturelle, et l'on n'a plus ce contraste étrange, dont les examens pour le brevet offrent des exemples, de jeunes filles qui font d'excellentes compositions écrites, et qui, dans les épreuves orales, ont toutes les peines du monde à exprimer ce qu'elles savent.

A la récitation des leçons est jointe la correction des devoirs.

Le devoir est l'application des choses apprises. On montre donc par là si on a saisi les explications données, si on possède les règles, car, en toute science, à la théorie il faut joindre la pratique. Et puis, suivant un dicton populaire, c'est en forgeant qu'on devient forgeron. Donc, c'est en appliquant les règles de la grammaire, c'est en faisant des problèmes d'arithmétique, c'est en composant des devoirs de style, que vous deviendrez de bonnes mathématiciennes, que vous apprendrez, non seulement à écrire correctement en français, c'est-à-dire en vous conformant aux règles de la syntaxe, mais encore à revêtir vos pensées de formes élégantes et gracieuses. On ne réussit pas du premier coup, on est obligé de revenir souvent sur les mêmes principes, on est obligé de faire des devoirs que l'on présente à la maîtresse pour être corrigés. On ressemble au renard dont parle La Fontaine et à l'instruction duquel on travaillait :

> D'abord on s'y prend mal, puis un peu mieux, puis bien ;
> Puis enfin il n'y manque rien.

Pour profiter de la classe vous devez être *silencieuses.*

Le silence, mes chères Enfants, vous êtes tenues de l'observer par respect pour vos maîtresses qui enseignent, par justice vis-à-vis de vos compagnes qui ont droit de n'être pas troublées et dérangées; par intérêt pour le progrès de vos études. Parler beaucoup et souvent, c'est répandre son âme au dehors ; or, pour travailler convenablement, il faut, au contraire, concentrer en soi toute la puissance de ses facultés. Le travail intellectuel et le parler fréquent sont donc deux actes tout à fait incompatibles. Aussi est-il impossible qu'une jeune fille soit à la fois studieuse et grande parleuse. Je suis loin de condamner les conversations joyeuses et animées d'une honnête récréation ; il faut, surtout à votre âge, quelques heures de la journée où l'on puisse épancher le surabondant d'une vie qui déborde. Mais, durant les heures consacrées au travail de l'étude et de la classe, l'habitude d'enfreindre la loi du silence détruit l'esprit de réflexion, l'ordre des idées, le recueillement de l'intelligence, et, sans ces conditions, les progrès sont impossibles.

Plutarque rapporte que, dans un banquet offert par les Athéniens, les ambassadeurs du roi de Perse demandèrent au philosophe Zénon : « Que dirons-nous de votre part au roi notre maître? — Vous lui direz, répondit Zénon, que vous avez vu à Athènes un vieillard qui savait se taire. » Mes chères Enfants, lorsque des étrangers visitent votre Pensionnat, je voudrais qu'ils pussent dire en se retirant : Nous avons vu des jeunes filles qui savent se taire. Ce sera le plus magnifique éloge et en même temps une sûre garantie de vos progrès et de la force de vos études.

Le silence de la langue ne suffirait pas, il faut de plus l'*attention* de l'esprit.

Quelqu'un demandait à une petite fille de cinq ou six ans : « Mon enfant, où allez-vous? — Monsieur, je vais en classe. » Etonné de ce qu'une enfant de cet âge eût commencé à étudier, l'interlocuteur ajouta : « Et que faites-vous en classe ? — Monsieur, dit l'enfant, j'attends qu'on sorte. » Vous ne l'imiterez point ; vous ne vous contenterez pas d'attendre en silence le moment, l'heureux moment, où l'on sortira ; mais vous mettrez les heures à profit et, pour cela, vous

serez attentives, écoutant, les yeux fixés sur la maîtresse ou sur le livre, ne laissant jamais volontairement égarer votre esprit. L'attention fait saisir les
choses plus vite : c'est l'œil de l'esprit qui s'ouvre
pour voir ; elle grave plus profondément les enseignements dans l'esprit, comme l'effort du marteau qui
enfonce un clou dans la muraille. Sans attention on
pourra bien passer cinq ou six ans dans un Pensionnat, saisir au vol quelques bribes des différentes
sciences ; mais des études sérieuses, mais une instruction solide seront chose impossible. On aura bien
essuyé la poussière de tous les bancs, on aura bien tra-
versé péniblement, d'année en année, ces salles classiques sur la porte desquelles on lit : cinquième, troisième, seconde, première, mais ce sera à peu près tout.

Un de ces étranges écoliers était resté huit années
au collège, raconte Mgr Dupanloup. En y entrant, il
avait apporté un pupitre que son père lui avait donné.
Le malheureux pupitre l'avait fidèlement accompagné de classe en classe et d'année en année ; dépositaire de ses papiers et de ses livres, c'était pour lui
un compagnon, un appui inséparable, et il s'était
naturellement accoutumé à le regarder comme le
représentant de ses études et même de ses progrès :
effectivement ils avançaient ensemble, et si bien,
qu'en sortant de rhétorique pour entrer en philosophie, le jeune homme, ravi de tant de succès, écrivit
à son père : Mon cher papa, je viens te donner une
bien bonne nouvelle, c'est que voilà enfin mon pupitre en philosophie.

A l'attention et au silence joignez une grande *simplicité*.

Soyez simples pour répondre aux interrogations ; on ne vous mangera pas si vous dites une erreur. Soyez simples pour interroger, lorsque vous n'avez pas compris. Quelquefois, par une timidité maladroite ou plutôt par la crainte de passer pour une jeune fille peu intelligente, on ne demande pas des explications dont on aurait besoin. Je ne puis pas offrir à votre imitation un plus beau modèle que l'Enfant Jésus. L'Évangile nous le montre dans le temple de Jérusalem, assis au milieu des docteurs, écoutant et interrogeant.

Enfin, soyez *charitables* pour arrêter une parole moqueuse prête à vous échapper, pour réprimer un sourire sur vos lèvres. C'est bien le cas d'appliquer cette loi naturelle: Ne faites pas à autrui ce que vous ne voudriez pas qui vous fût fait à vous-mêmes. Un seul sourire peut déconcerter une compagne qui commence à se troubler.

Cependant, il faut bien l'avouer, il est des cas où il est difficile de ne pas rire un peu à certaines réponses. « Où alla Jacob lorsqu'il fuyait la colère de son frère Esaü ? » demandait une maîtresse. Une compagne souffle : « Chez Laban, dans la Mésopotamie. » L'élève interrogée entend mal et répond hardiment : « Jacob alla là-bas, dans un pot à miel. » — « De quoi Socrate est-il mort ? — De la ciguë, souffle-t-on. — Madame, il est mort de lassitude. » On pourrait faire une curieuse collection de ces réponses bizarres.

Il ne faut pas que ces mots échappés à une compagne deviennent de votre part l'occasion d'un petit supplice et la cause de sobriquets ; vous serez donc charitables.

Cependant ce serait mal entendre la charité que de souffler à une compagne la leçon qu'elle a à réciter. Pauvre enfant, je la vois d'ici : cigale babillarde et paresseuse, elle a *chanté tout l'été*, et maintenant la *bise est venue*, car voici que sa maîtresse l'interroge. L'enfant se trouve *bien dépourvue*. Elle cherche et cherche en vain dans son cerveau, grenier où elle n'a rien serré :

> Pas un seul petit morceau
> De mouche ou de vermisseau !

Ce regard interrogateur, ce mouvement du coude à la fourmi, sa voisine, tout cela *crie famine*, tout cela prie

> de prêter
> Quelque grain pour subsister
> Jusqu'à... la classe nouvelle.

Cet œil suppliant semble dire: *Je vous paierai intérêt et principal*. N'ayez pas l'ironie mordante de la fourmi ; mais, pas plus qu'elle, ne soyez prêteuses.

La charité, l'attention, la simplicité, le silence, telles sont les quatre conditions pour assister utilement et chrétiennement à la classe.

Vous connaissez la parabole évangélique de la semence qui tombe sur différents terrains. Elle trouve ici son application. Au moment de la classe la maitresse est à côté de vous, les mains pleines de semences intellectuelles. Que cette semence ne tombe jamais sur le grand chemin d'un esprit inattentif où les pensées légères la font disparaître, ni sur le terrain pierreux qu'aucun travail préliminaire n'a défoncé, ni au milieu des épines de la vanité et de la malice, mais qu'elle rencontre toujours en vous la bonne terre où elle rapportera cent pour un.

XIII

LE TRAVAIL MANUEL

Mes chères Enfants,

Il y a deux sortes de travaux, les travaux de l'intelligence et les travaux des mains ; nous avons parlé des travaux intellectuels, en vous entretenant de l'étude et de la classe. Aujourd'hui occupons-nous de la question importante des travaux manuels.

Je commencerai par une observation, c'est que Dieu vous a faites pour vous occuper du ménage, régler les affaires de l'intérieur, prendre soin des moindres détails. A l'homme, les travaux extérieurs, le mouvement des affaires, le maniement des fonctions civiles et militaires, le souci du barreau, la guérison des malades, les préoccupations scientifiques. La femme, elle, a un rôle plus modeste ; son domaine est sa maison, son empire est son intérieur, ses sujets sont les personnes et les choses qui se rapportent aux détails de la vie domestique.

A Rome, le jour du mariage, quand la jeune fiancée sortait de la maison paternelle, on portait devant elle le flambeau de l'hymen qui était d'épine blanche. Derrière elle on portait une quenouille et un fuseau garnis de laine, emblème de son travail. Quand elle était dans la maison de son époux, on lui donnait les clefs, pour lui marquer qu'elle devait avoir soin du ménage, et on la faisait asseoir sur la toison d'une brebis immolée pour l'avertir de l'obligation où elle était de travailler les étoffes afin d'habiller son mari et ses enfants.

De là pour vous, dès l'enfance, l'obligation de vous exercer à ces sortes de travaux.

Et ne croyez pas que cela vous abaisse. Les femmes les plus distinguées de l'antiquité, comme le fait observer Mgr Landriot, les princesses et les reines se livraient aux travaux de l'aiguille ; elles confectionnaient les vêtements de laine ; elles ne dédaignaient aucun des travaux que plusieurs peut-être considéreraient à notre époque comme un déshonneur. Tacite rapporte qu'après avoir fait prisonnière la mère de Darius et une partie de la famille royale, Alexandre le Grand leur envoya des vêtements confectionnés en Macédoine, avec les tailleurs qui les avaient faits, afin que la famille de Darius pût prendre modèle et en faire de semblables. La reine mère se mit à sangloter, regardant presque cette proposition comme une injure. En effet, les Perses, nation efféminée et abâtardie, considéraient ce travail comme indigne de femmes bien élevées. Alexandre, l'ayant appris, se crut obligé de lui faire des excuses : « Je me suis trompé, lui dit-il, en vous traitant selon les habitudes de la Grèce, car cet habit que vous me voyez est non seulement un don de mes sœurs, mais l'ouvrage de leurs mains. » Plutarque rapporte dans la vie d'Auguste que ce puissant empereur romain ne portait guère de vêtements que ceux qui avaient été faits par son épouse, sa sœur, sa fille et les autres membres de sa famille.

Ces sortes de travaux, Dieu n'a pas dédaigné d'en faire l'éloge dans la sainte Écriture. Il loue la femme forte, non de ce qu'elle lit beaucoup ou de ce qu'elle écrit avec élégance, mais de ce qu'elle a cherché la laine et le lin, de ce qu'elle les a travaillés avec des mains sages et ingénieuses. Il la félicite de ce que ses doigts ont saisi le fuseau, de ce qu'elle a travaillé à des étoffes fines et fait de riches tapisseries.

Notre-Seigneur a voulu honorer le travail manuel, car pendant trente ans, renfermé dans un atelier, il gagnait son pain par le travail de ses mains.

Et qui ne sait que le Sauveur portait une robe sans couture qui était, suivant ce que rapporte la tradition, l'ouvrage de la Vierge Marie ?

Voulez-vous entendre sur ce même sujet quelques autorités chrétiennes ? Écoutez Clément d'Alexandrie : « Les travaux du corps conviennent aux femmes... tous les ouvrages d'aiguille et de broderie, tous ces soins divers que réclame d'elles le bien-être intérieur de la famille, dont elles sont les protectrices naturelles et obligées... »

Saint Jérôme conseille aux femmes les travaux sur la laine, l'exercice du fuseau, et tout ce qui se rattache à ce genre d'occupation ; il appelle les choses par leurs noms, il ne craint pas de désigner le fil, le fuseau, la trame, la quenouille, la corbeille, sans compter le pouce qui fait habilement manœuvrer ce qu'on lui confie.

Que d'avantages en effet dans ces travaux manuels! Non seulement, ils sont conformes au rôle que vous avez à remplir dans la société, mais encore ils reposent des travaux de l'intelligence. L'esprit se fatigue assez vite chez tous, mais particulièrement chez la jeune fille, chez qui la délicatesse de la constitution communique à tout quelque chose de moins énergique et de plus mobile. Après une longue étude d'histoire, après une sérieuse application à des problèmes d'arithmétique, une broderie, un tricot, une tapisserie, délassent la jeune fille en l'occupant; pendant que les doigts manœuvrent, l'esprit se repose doucement.

D'ailleurs, et ceci mérite votre attention, il y a dans la connaissance des travaux manuels une garantie pour l'avenir. Charlemagne (1) faisait apprendre à ses

(1) Les princesses devaient se familiariser avec les ouvrages de leur sexe; le roi tenait à ce qu'elles fussent constamment occupées soit à filer au fuseau, soit à travailler la laine; il redoutait pour elles l'oisiveté, source de tous les désordres. (Eginhard, *Vit. Carol. Magn. c.* XIX.)

filles le travail des mains ; on lui en demanda la raison ; il répondit : « Rien ne peut nous garantir contre
les coups du sort ; si jamais mes filles éprouvaient un
revers de fortune, elles auraient un moyen de subvenir à leurs nécessités. » Charlemagne n'avait pas à
craindre, il était à la tête d'un vaste empire où les
idées révolutionnaires étaient inconnues ; pour nous,
nous vivons dans des temps tourmentés où rien n'est
sûr. Qui vous dit que, pour un motif ou un autre,
vous ne serez pas un jour dans l'embarras ? N'a-t-on
pas vu Madame Elisabeth, prisonnière au Temple,
coudre les habits du roi Louis XVI, son père, et,
n'ayant point de ciseaux, rompre le fil avec les dents ?
N'a-t-on pas vu Madame Royale, la seule victime qui
soit entrée au Temple et qui en soit sortie vivante,
pendant les trois ans quatre mois et cinq jours qu'elle
fut prisonnière, passer plusieurs heures chaque jour
à des travaux qui, en l'occupant, la protégeaient contre
l'ennui et le découragement ? Quand donc une heure
malheureuse sonne dans la vie, il est bon de savoir que
l'on pourra se suffire et se procurer par le travail de
ses mains une honnête aisance. J'ai déjà connu plusieurs familles où, après un revers de fortune, les
jeunes filles ont été par là le soutien, la richesse de
leurs vieux parents, et je demeure convaincu que, dans
une foule de cas, une bonne ouvrière avec son aiguille
se tirera de peine plus aisément qu'une autre jeune
fille avec son brevet. Les talents de l'esprit peuvent
être dédaignés, mais on ne peut rejeter le talent des
doigts parce qu'on en a besoin chaque jour.

Notre bon La Fontaine nous présente cette dernière pensée sous le vêtement d'une fable. Il y est question d'un marchand, d'un gentilhomme, d'un pâtre et d'un fils de roi ; ils ont tout perdu dans un naufrage et se demandent que faire pour ne pas mourir de faim.

> L'un, c'était le marchand, savait l'arithmétique :
> — A tant par mois, dit-il, j'en donnerai leçon.
>   — J'enseignerai la politique,
> Reprit le fils du roi. Le noble poursuivit :
> — Moi, je sais le blason ; j'en veux tenir école.

En homme plus positif et qui se rendait mieux compte de la situation,

> Le pâtre dit : — Amis, vous parlez bien ; mais quoi !
> Le mois a trente jours ; jusqu'à cette échéance
>   Jeûnerons-nous, par votre foi !
>   Vous me donnez une espérance
> Belle, mais éloignée ; et cependant j'ai faim.
> Qui pourvoira de nous au dîner de demain ?
>   Ou plutôt sur quelle assurance
> Fondez-vous, dites-moi, le souper d'aujourd'hui ?
>   Avant tout autre, c'est celui
>   Dont il s'agit. Votre science
> Est courte là-dessus : ma main y suppléera.

En effet il se met à l'œuvre, il abat du bois, fait des fagots, et du produit de son travail nourrit ses compagnons et lui. Et la fable finit ainsi :

>   Je conclus de cette aventure
> Qu'il ne faut pas tant d'art pour conserver ses jours :
>   Et, grâce aux dons de la nature,
> La main est le plus sûr et le plus prompt secours (1).

(1) Livre X, f. XVI.

Même sans arriver à cette gêne extrême qui force à demander à l'aiguille les choses indispensables à la vie, n'est-ce pas, avec une douce joie, une très réelle économie que de pouvoir confectionner soi-même des vêtements, faire les raccommodages si souvent nécessaires, entretenir le linge, ou même produire quelques travaux de luxe, dentelles, broderies, etc. ? Ce genre d'économie bien entendue est nécessaire, indispensable même à toutes les fortunes qui ne dépassent pas les limites ordinaires.

En terminant, je vous donnerai deux conseils.

Le premier, qui ne vous servira guère que plus tard, est de travailler un peu pour les pauvres.

Taillez, disposez des vêtements, préparez du linge, de petits trousseaux que les pauvres mères seront si heureuses de recevoir pour leurs enfants au berceau. Croyez-moi, c'est une chose salutaire de penser aux besoins des autres et d'y subvenir. On devient plus patient, moins exigeant, moins occupé de recherches sensuelles ; on voit, par la comparaison, combien on est relativement heureux. — C'est une chose douce ; c'est la grande joie que Dieu se donne en répandant partout des bienfaits. — C'est une source de faveurs divines. Vous serez bien payées de vos peines et de vos libéralités quand ce vieillard, cette pieuse mère de famille, ces petits enfants, agenouillés le soir dans leur mansarde, auront prononcé votre nom dans leur prière et demandé pour vous les bénédictions de Dieu.

Mon second conseil, qui vous servira à tout âge,

sera de sanctifier le travail manuel, comme tout le reste, par les pensées de la foi, pour qu'il devienne méritoire devant Dieu. On ne lit pas sans attendrissement que Duguesclin étant fait prisonnier, les femmes de France promirent de filer pendant un an afin de payer la rançon du vaillant guerrier. Quelque chose de semblable aura lieu pour vous; vos travaux manuels, s'ils sont faits chrétiennement, serviront, autant que d'autres occupations, à éteindre la dette que vos fautes journalières vous font contracter envers la justice divine.

XIV

LES ARTS D'AGRÉMENT

Mes chères Enfants,

Nous arrivons à cette branche de l'enseignement qu'on appelle les Arts d'agrément. Je veux parler de la musique et de la peinture.

Les anciens, dans des récits fabuleux, ont peint le charme tout-puissant de la musique.

Amphion avait une lyre qu'il touchait si habilement que les pierres, sensibles à la douceur de ses accords, venaient se placer d'elles-mêmes en ordre pour former des fortifications et des murs. C'est ainsi que fut bâtie la fameuse Thèbes aux cent portes. Un poète l'a dit :

> Aux accords d'Amphion les pierres se mouvaient,
> Et sur les murs Thébains en ordre se rangeaient.

Arion revenait de Tarente à Corinthe. Les matelots

veulent le tuer pour s'emparer de ses richesses. Le musicien demande pour toute grâce qu'il lui soit permis de jouer encore une fois de son luth. Alors il fait retentir l'air des accords les plus touchants : Amphitrite se calme, les Aquilons ploient leurs ailes, les monstres des mers élèvent leurs têtes au-dessus des flots et se rassemblent autour du vaisseau. Arion, voyant qu'il ne peut attendrir les hommes barbares qui en veulent à ses jours, se précipite dans la mer, une guirlande sur la tête et sa lyre à la main. Un des dauphins qui, attirés par le charme de sa mélodie, suivaient le vaisseau, le reçoit et le rend à sa patrie.

Orphée est le roi des musiciens antiques. Aux sons harmonieux de sa lyre et de sa voix, on voyait les bêtes les plus sauvages s'adoucir, les fleuves suspendre leur cours, les arbres et les rochers devenir sensibles et se mouvoir. Il épousa la nymphe Eurydice et eut la douleur de la voir mourir le jour même de ses noces. Mortellement affligé de cette perte, Orphée descend aux Enfers pour la redemander à Pluton. Mais les dieux de l'Enfer sont inexorables, aucune prière ne peut les toucher. Que va faire Orphée ? Il chante en s'accompagnant de sa lyre. A ses tendres accents l'éternelle nuit perd son horreur, les dieux hésitent, s'émeuvent, ils sont vaincus et rendent au musicien sa chère Eurydice.

C'étaient là d'ingénieuses images, d'éloquentes allégories, sous lesquelles les anciens se plaisaient à peindre la toute-puissante vertu de la musique.

Vous plairait-il d'étudier plus en détail les principaux effets de cet art?

La musique, et j'entends par là toute harmonie, qu'elle soit produite par le son des instruments ou par la voix humaine, la musique met du charme et de la poésie au milieu de tant de choses prosaïques de l'existence.

Vue avec vos yeux de quinze ans, la vie a des aspects ravissants; elle ressemble à ces châteaux enchantés où l'on marchait de merveilles en merveilles, de surprises en surprises. Plus tard vous en jugerez autrement, vous verrez que l'on peut appliquer à l'existence ce mot d'un de nos poètes :

> Demain, c'est le sapin du trône,
> Aujourd'hui, c'en est le velours.

Les mille préoccupations, les mille besoins de l'existence, les maladies, les froissements, les déceptions, tout cela peut s'appeler la triste prose de la vie : la musique vient y jeter sa note joyeuse et poétique.

Il est raconté que, vers la fin de sa carrière, et dans un temps où il ployait déjà sous les fatigues et les austérités, saint François d'Assise, cet homme détaché de toutes les consolations terrestres, souhaita d'entendre un peu de musique pour réveiller, disait-il, la joie de son esprit. Et, comme la règle ne permettait pas que le saint homme se donnât ce passe-temps par les moyens ordinaires, plutôt que de l'en voir privé, les Anges voulurent servir ses désirs. La nuit suivante, comme il veillait et méditait, il entendit tout à coup le son d'un luth d'une merveilleuse harmonie. On ne voyait personne; mais, aux nuances du son qui s'éloignait ou se rapprochait, on croyait reconnaître la marche d'un musicien allant et venant sous les fenêtres. Le saint, ravi en Dieu, fut si pénétré de la douceur de ces accords, qu'il crut un moment avoir passé à une meilleure vie.

Hélas! nous avons ici-bas bien des sujets de tristesse; l'expérience vous l'apprendra, mes chères Enfants. Les chagrins qui viennent du dehors ou qui ont leur source au dedans, ne manquent presque jamais. L'atmosphère qui nous entoure est souvent lourde, froide et grise, comme dans les jours d'hiver. Semblables à l'illustre pénitent, nous nous sentons pris d'ennui et d'accablement. La musique vient donner un peu de joie au pauvre cœur humain.

La musique repose et délasse. « Voyez, disait saint Jean Chrysostome, voyez : le cultivateur, le moissonneur, celui qui recueille le raisin au temps de la vendange, tout homme qui travaille aime à chanter. Le nautonier accompagne de sa voix les cadences de la rame, les femmes elles-mêmes veulent que le mouvement harmonieux de leur voix suive le mouvement de leurs mains qui s'agitent en travaillant. Cette influence du chant et de la musique se fait sentir sur les animaux privés de raison, et les conducteurs chantent pour adoucir les sueurs de leur attelage. C'est que l'on sait, par un instinct mystérieux, que le chant adoucit toutes choses et que le travail devien' plus facile quand la musique vient le soulever. »

La musique, d'ordinaire, nous soulève de terre, ne serait-ce qu'un instant ; son charme singulier est d'élever l'âme vers l'infini. « La musique, a dit un savant et éloquent évêque (1), produit un effet divin : elle réveille dans les cœurs des fibres qui sommeillaient ; elle les excite par je ne sais quel mouvement électrique et les soulève de terre ; alors l'âme rêve aux choses du ciel ; il lui semble qu'une intelligence céleste lui a fait signe pour lui parler de choses qu'on ne connaît pas sur la terre et l'entretenir dans un langage d'autant plus profond qu'il n'est pas articulé et qu'il ouvre à l'esprit des horizons indéterminés. »

La musique nous apprend à nous harmoniser nous-mêmes.

Que d'âmes qui sont en désaccord ! Là l'intelligence, le cœur, la mémoire, les désirs, tout est à l'état de fibres mal accordées qui crient et déchirent les oreilles. La musique, qui harmonise les sons, vient nous inviter à mettre l'harmonie dans nos âmes et dans notre conduite. Elle vient nous dire : Il y a quelque chose de meilleur et de plus beau que l'harmonie des chants et des instruments, c'est la mélodie de l'existence, c'est la vie organisée comme un chant harmonieux.

La musique exerce d'ailleurs, sous ce rapport, l'influence la plus heureuse. C'était l'opinion des anciens et spécialement de Platon, qui accordait à la mu-

____

(1) Mgr Landriot.

sique une très grande importance dans l'éducation. Ils croyaient avec raison que, de même que la musique accorde les sons les plus divers et en apparence les plus opposés, elle exerce une influence analogue sur les mouvements si nombreux, si variables de la nature humaine. Saint Grégoire de Nazianze et saint Basile n'apprenaient-ils pas la musique pour tempérer leur ardeur et calmer leurs passions ? La musique, a dit Aristote, a des rapports avec la vertu : elle agit sur l'âme comme la gymnastique qui donne de la souplesse et de la vigueur au corps. Aussi a-t-on remarqué souvent que lorsque, dès l'enfance, le sens esthétique du beau musical a été éveillé dans l'âme, il n'est point toujours inutile pour maintenir plus tard en équilibre le sens moral de l'âme.

A ces effets, qui certes ne sont pas à dédaigner, viennent s'en joindre d'autres d'un ordre moins élevé. La musique répand un charme indéfinissable sur les soirées que l'on passe en famille et en chasse la monotonie, l'ennui, fruit de l'uniformité. Soit que l'on reproduise les œuvres des grands maîtres, soit que l'on exécute seulement quelques joyeuses ou sentimentales romances, c'est un repos, c'est une trêve aux conversations ordinaires, c'est un coup d'aile qui nous élève au-dessus du terre-à-terre des choses de chaque jour et nous emporte dans les régions du beau et dans celles du sentiment.

Puis, quel service vous pourrez rendre plus tard dans vos paroisses, surtout à la campagne !

Il est un malheur qui fait gémir bien des prêtres,

c'est l'abstention des offices de l'Eglise. Comme l'enfant prodigue, les fidèles s'éloignent de la maison de Dieu, qui est la maison paternelle. Un moyen d'attirer, ce sont les chants bien exécutés. Une gracieuse légende, répandue au moyen âge, montre le grand effet que produit la musique sacrée. Saint Grégoire le Grand se préoccupait de savoir si l'on ne pourrait pas, comme David, consacrer la musique à l'honneur de Dieu. Et comme il rêvait une nuit à ce sujet, il eut une vision où l'Eglise lui apparut sous la forme d'une muse magnifiquement parée, qui rassemblait tous ses enfants sous les plis de son manteau. Or, sur ce manteau était écrit tout l'art musical, les notes, les neumes, les mètres et les symphonies diverses.

On peut se procurer facilement, à peu de frais, un instrument; ce qui manque, c'est une personne qui sache la musique. Vous pourrez prêter le concours de votre talent, soit pour exercer les chants, soit pour accompagner sur l'orgue ou l'harmonium et attirer les fidèles à l'église. Ce sera un grand mérite devant les hommes et devant Dieu.

Faut-il ajouter que, si le malheur vous visitait, et ce n'est pas une supposition chimérique, votre talent pourrait être utilisé? Les leçons que vous donneriez serviraient à vous procurer le pain et les choses nécessaires à l'existence, ou de petites douceurs que vous ne pourriez pas avoir autrement.

Livrez-vous donc consciencieusement à l'étude de la musique qui est le complément de toute éducation soignée. J'ai lu que, dans un festin, Thémistocle ayant refusé de prendre la lyre à son tour, fit croire que son instruction avait été négligée. Que serait-ce donc de nos jours ? Croyez-moi, vous serez amplement dédommagées de votre peine. Vous semez maintenant, plus tard vous récolterez.

La poésie est sœur de la musique. Je vous engage à la cultiver et, comme on disait autrefois, à sacrifier aux muses. Vous trouverez là d'immenses avantages, même sous le rapport de l'éducation de l'âme. Les habitudes de bon ton, de délicatesse, l'atticisme des manières et les grâces de l'urbanité se prennent beaucoup plus qu'on ne croit à la culture de la poésie.

En outre, que de circonstances où la poésie pourra apporter un charme de plus ! C'est un retour, c'est un événement heureux, un mariage, une naissance, le passage d'un personnage marquant, que sais-je ? Un sentiment délicat exprimé alors dans des vers, paraîtra plus délicat encore et plus gracieux, car

> Le vers est le style en toilette :
> Ce sont les rubans, les atours
> Que la langue prend aux grands jours ;
> C'est la pensée endimanchée,
> En longue robe empanachée,
> Non toujours sans quelque embarras ;
> Mais enfin il ne convient guère
> D'exprimer en langue vulgaire
> Un sentiment qui ne l'est pas.
> Donc, le vers, par son harmonie,
> Son air d'apprêt, son mouvement,
> Est l'habit de cérémonie
> Que doivent prendre, en ce moment,
> La pensée et le sentiment.

Prenez garde seulement à ne pas négliger, pour la poésie, des devoirs plus importants. Il y a là un écueil dont il faut savoir se préserver.

Un mot seulement du dessin et de la peinture.

J'ai connu des jeunes filles qui avaient reproduit sur la toile les traits de leur père, de leur mère, de leurs frères et sœurs, elles avaient composé de la sorte toute une galerie de portraits de famille.

J'en ai connu d'autres qui avaient orné du travail de leurs crayons ou de leurs pinceaux leurs salons, leurs chambres, leurs salles à manger. D'autres encore qui avaient des albums où les monuments, les paysages, visités dans leurs voyages, se conservaient pour leur ramener des souvenirs agréables et instructifs.

Ces avantages que procurent le dessin et la peinture ne méritent-ils pas d'être appréciés ?

Toutefois, n'oublions pas qu'il y a quelque chose de mieux, c'est de peindre dans son âme les traits qui caractérisent la physionomie auguste de Jésus-Christ. C'est là la vie chrétienne. Jésus-Christ est le modèle placé sous nos yeux et que nous devons reproduire. Ah ! puissions-nous le comprendre de plus en plus, nous mettre à l'œuvre, faire de notre esprit, de notre cœur, de tout nous-mêmes un tableau qui représente Jésus-Christ, tellement qu'on puisse nous appliquer la définition donnée du vrai chrétien : c'est un autre Jésus-Christ, *Christianus alter Christus.*

XV

L'INSTRUCTION RELIGIEUSE

———

Utile à tous, en général, l'étude de la religion a pour la jeune fille une utilité particulière.

D'abord cette étude rend sa piété plus éclairée et mieux réglée.

La sensibilité domine chez la jeune fille, le sentiment est la fleur qui se cultive spécialement dans son jardin. Cela a son bon côté, mais aussi son danger. Le cœur, surtout en matière de religion, a besoin d'être éclairé, autrement il fera fausse route. Quand un vaisseau est lancé et va affronter les hasards de l'océan, on lui donne une boussole. Avec ce petit instrument, même quand les nuages couvrent le ciel et que la lumière des étoiles est cachée, le pilote sait où il est, il connait par l'aiguille aimantée la situation et la marche du bâtiment. L'instruction religieuse est la boussole qui vous permettra de diriger sûrement le vaisseau du cœur vers les régions de la vraie piété. Grâce à elle vous ne serez pas exposées à vous méprendre et à aller vous ensabler contre cet écueil si commun qu'un évêque (1) appelait la sensiblerie religieuse : « beaucoup d'exclamations, dit-il, de formes, de pratiques, mais rien de sérieux au fond ; c'est un vernis de superficie, c'est une décoration, beaucoup de draperies, d'ornementations extérieures, mais le sanctuaire est vide souvent. » La cause de ce mal, c'est que la femme n'a pas été suffisamment instruite et n'a pas vu les choses sous leurs vrais points de vue.

L'instruction religieuse ne rendra pas seulement votre piété plus éclairée, mais encore plus solide et plus durable.

Nous aimons naturellement le beau, le bien, le vrai, et plus la religion nous paraît belle, aimable, vraie, plus nous nous attachons à elle. Cela est si vrai, que dans le ciel, où tous les voiles seront levés, nous ne serons plus libres de ne pas aimer Dieu, parce qu'il s'échappera de l'essence divine tant de lumière que notre intelligence et notre cœur seront des captifs pour l'éternité, captifs bienheureux, captifs volontaires, il est vrai, mais les chaînes seront rivées à tout jamais. Sur la terre, qui est la vie d'épreuve, le Seigneur ménage la lumière ; il en donne assez pour les

____

(1) Mgr Landriot.

âmes de bonne volonté, et cependant il y a assez de réserve dans la distribution pour ne pas enchaîner la liberté de l'homme. Il est évident d'après ce principe que plus on s'éloigne de la plaine de l'ignorance, que plus on monte les degrés de cette montagne sainte dont le sommet est au ciel, plus l'âme se rive à la vérité ; plus elle voit de beautés, plus elle s'attache ; plus elle sent Dieu, plus elle adhère à lui ; et, sans prétendre à un don d'impeccabilité, il est certain cependant que l'esprit et le cœur contractent dans cette ascension de telles habitudes que la séparation d'avec Dieu devient extrêmement difficile.

Or vous avez besoin d'une piété solide pour tenir bon contre le souffle des fausses maximes que vous entendrez chaque jour retentir pompeusement à vos oreilles, contre les secousses que donnent le relâchement, l'indifférence générale, les scandales que vous rencontrerez à chaque pas et sous toutes les formes, contre les orages terribles des passions dans un jeune cœur.

Voyez l'abeille, cette charmante et légère petite créature. Quand le temps est mauvais et que le vent, soufflant avec violence, menace de l'entraîner trop loin de la ruche, elle saisit une petite pierre et, avec ce lest, nautonière aérienne, elle vogue sans crainte à son précieux butin et retourne le soir à la ruche où elle composera son doux miel. Mes chères Enfants, vous avez à composer dans la ruche de l'Eglise le doux miel de la vertu ; mais prenez garde : il y a bien des tempêtes dans la vie : prenez exemple sur l'abeille, saisissez quelque forte idée religieuse, et vous ne craindrez ni les vents violents ni les orages qu'ils soulèvent.

Il faut encore à la jeune fille l'instruction religieuse pour remplir dignement la mission que Dieu veut lui confier.

Certes, je ne veux pas faire le procès à mon siècle. Je l'aime comme un autre, plus qu'un autre. Mais n'est-il pas vrai que la foi, de nos jours, a peu d'empire sur les hommes ? Comment ! on voit des jeunes gens abdiquer à seize ans la foi de leur berceau et arriver quelquefois à la tombe sans s'être demandé s'ils ont une âme et s'ils ne doivent rien au Dieu qui les a créés ! on voit chez les hommes tant d'intelligences riches du côté de la terre, dévastées du côté du ciel, où n'habitent plus, hélas ! ni la foi, ni l'espérance, ni les douces joies, ni les nobles élans, et qui s'en vont, tristes, devant elles, sans savoir ce qu'il y a au bout de la route. Vous avez sans doute de ces êtres malheureux et chéris dans vos familles, des frères, un père, de grands-parents. C'est vous que la divine Providence destine à les éclairer et à les ramener à Dieu. Le Père Lacordaire pensait à cette mission de la jeune fille quand il disait : « O tendresse des voies de Dieu ! Notre mère nous apprenait son nom quand nous étions enfants ; l'épouse l'a redit, dans l'intimité nuptiale, à l'âme enivrée du jeune homme ; la fille le raconte au vieillard courbé par l'âge, et lui ramène, dans ses jours de décadence, une révélation toute jeune et toute vierge ! Le ciel dira combien d'âmes ont été le fruit de cette dernière violence de la vérité ; combien qui n'avaient rien vu et rien entendu se sont éveillés du songe de l'erreur, sur leur lit de mort, et ont adoré de leur souffle expirant l'éternel amour se montrant à eux sous la forme angélique d'une fille bien-aimée. »

Quel reproche n'auriez-vous pas à vous adresser si vous manquiez à cette noble vocation ! Et pourriez-vous la remplir si vous étiez incapables de rendre compte à l'occasion de votre foi afin d'éclairer la leur ?

D'ailleurs, les choses étant ce qu'elles sont, l'homme ayant abdiqué la mission que Dieu lui avait confiée (car, dans le plan divin, l'homme devait être le prêtre du foyer), c'est à la femme que passe l'apostolat de la famille.

Instruisez-vous donc en vue du rôle qui vous attend plus tard : il est sublime, il peut être fécond, être une cause puissante de régénération morale.

Ouvrez l'histoire, et, sans faire de longues recherches, qu'y voyez-vous ?

Au troisième siècle, les évêques ont formé sainte Hélène, sainte Hélène a formé Constantin qui a aidé puissamment à l'établissement du christianisme.

Au cinquième siècle, saint Remy a formé Clotilde, Clotilde a formé Clovis qui a fait la France chrétienne.

Au sixième siècle, le pape saint Grégoire le Grand a instruit Théodelinde, Théodelinde a formé la race lombarde qui a fait l'Italie chrétienne.

Pour être à la hauteur de cette mission, pour préparer la régénération morale de la France, il faut que vous soyez instruites de la religion. Sans cette science, qu'arriverait-il? Ecoutez ce qu'a écrit Léon Gautier(1) :

« Notre siècle a cela de grand, que plusieurs hommes ne peuvent se rassembler quelque part sans parler entre eux de quelque grave question politique, sociale ou religieuse. Durant ces nobles conversations, les femmes jouent le rôle le plus piteux ; elles se taisent, ou, chose plus lamentable, ne parlent que pour jeter au vent des puérilités et des banalités. Pas une idée haute, pas un argument, pas un fait. Il arrive fort souvent qu'à la table même où sont assis leurs maris et leurs enfants, quelque bel esprit élève la parole et accuse insolemment la sainte Eglise. La chrétienne ne répond pas, elle ne peut rien répondre, elle ne sait rien répondre, et la faute en est à son éducation. Aussi l'entoure-t-on uniquement de ce certain respect que l'on décerne aux êtres inférieurs, faibles et ignorants. Elle se réfugie alors dans une grâce niaise, et essaie de dissimuler son ignorance derrière un sourire. Mais personne ne s'y trompe, pas même ses enfants. N'eût-il pas mieux valu entendre cette mère, l'âme indignée et l'œil en feu, répondre à cet ennemi de l'Eglise par quelque fait décisif, par quelque texte péremptoire, puis, rentrer tout aussitôt dans le silence et dans la grâce modestes qui conviennent à une femme et dont elle ne saurait vraiment

____

(1) *Lettres d'un catholique,* p. 164 et 165.

se départir que pendant cinq minutes, pour la gloire de Dieu et le salut de ses enfants? »

Donc, mes chères Enfants, à l'œuvre ! Livrez-vous avec courage et amour à l'étude de notre sainte religion.

Quand on fait l'ascension de l'Etna, ce géant de la Sicile, et l'une des plus hautes montagnes de l'Europe, on découvre trois parties principales : la région inférieure qui est très fertile, la seconde qui contient encore quelques forêts, et la troisième qui est complètement déserte. Mais aussi, lorsqu'on peut gravir le sommet par une belle nuit, quelle vue admirable le lendemain, quel splendide lever de soleil ! Ainsi en est-il dans l'étude de la religion, qui est comme la montagne des âmes. Il y a plusieurs degrés, et, à mesure qu'on monte, la vue s'étend, l'horizon s'élargit, et le regard est heureux de contempler ce vaste panorama qui se déroule au loin.

Cependant il y a une avantageuse différence. Sur l'Etna, comme sur presque toutes les montagnes, à mesure qu'on monte, quelque chose de la nature s'évanouit. Le bruit et le vol des oiseaux deviennent rares, le feuillage moins épais ; peu à peu les arbres s'enfuient au-dessous de nous dans une perspective lointaine, et un gazon sans fleurs reste comme un dernier vestige de grâce et de fécondité. Bientôt même ce n'est plus qu'une solitude âpre, morne, silencieuse sans souffle et, pour ainsi dire, sans respiration.

Ici, au contraire, le sol devient plus fertile à mesure que l'on monte, la végétation est plus belle, en même temps que le coup d'œil est plus ravissant.

On peut distinguer dans l'étude de la religion, comme sur les flancs de l'Etna, trois régions principales : le catéchisme, l'instruction un peu plus relevée, et enfin les sphères de la théologie proprement dite.

Le catéchisme, même le plus élémentaire, est déjà une chose admirable et trop peu admirée ; c'est, comme l'appelait Lamartine : « le code vulgaire de la plus haute philosophie, l'alphabet d'une sagesse divine. » Mais l'on comprend qu'il y ait des âmes qui veulent pousser leurs études religieuses plus loin que l'alphabet. Le catéchisme, a-t-on dit encore, est un lait, il est nourrissant comme cette liqueur du sein maternel, il suffit au besoin d'un grand nombre d'âmes qui ne dépasseront pas sur la terre l'âge de l'enfance au point de vue intellectuel. Mais combien d'âmes ont besoin de quelque chose de plus fort, de plus substantiel, de plus nourrissant ! D'un autre côté, la théologie proprement dite demanderait un temps considérable que vous n'avez pas. Voilà pourquoi on a ouvert, dans les Pensionnats chrétiens, des leçons intermédiaires entre le catéchisme ordinaire et la haute théologie.

L'enseignement catholique est comme un monde sublime composé de trois royaumes: le dogme, la morale et le culte. Ce sont ces royaumes que vous visitez, guidées par vos maîtresses et votre aumônier. C'est à ces saints lieux que vous faites un pieux pèlerinage. En revenant de leurs pèlerinages, nos pères aimaient à rapporter des souvenirs. Ceux qui allaient à Saint-Jacques de Compostelle ramassaient sur la plage de larges coquilles dont ils ornaient leurs chapeaux et leurs manteaux et que les amis et les voisins se passaient de mains en mains pendant les longues soirées d'hiver. En revenant de votre pieux pèlerinage aux terres de l'instruction religieuse, vous rapporterez comme souvenirs, avec une augmentation de foi et d'amour, vos résumés, feuilles légères où, voyageuses, vous aurez crayonné vos impressions, et plus tard, quand viendront les longues veillées d'un âge plus avancé, plus sombre et moins gai que la jeunesse, vous les relirez avec plaisir.

XVI

LES REPAS

Mes chères Enfants,

Le prophète Elie s'é ait engagé dans le désert. Après une marche un peu longue, il sentit ses forces l'abandonner et s'assit au pied d'un arbre. Un ange s'approcha de lui et lui dit : « Levez-vous et mangez ; » alors, fortifié par la nourriture, le prophète put continuer sa route.

Nos forces s'usent à chaque instant et dépérissent ; il nous les faut réparer ; aussi trois ou quatre fois chaque jour la cloche vient vous dire charitablement, comme l'ange à Elie : Levez-vous et mangez.

Vous comprenez que je vais vous parler des repas.

Je vous en dirai trois choses : ce qu'il faut faire avant, ce qu'il faut faire pendant, ce qu'il faut faire après vos repas.

Avant le repas, il faut gagner votre nourriture

par un travail soutenu. Dieu a prononcé cet arrêt :
« Vous mangerez votre pain à la sueur de votre front. »
Cet arrêt n'a pas été cassé. Dans un autre endroit
de nos saintes Écritures il est dit : « Si vous ne
voulez pas travailler, vous ne devez pas manger. »
Hélas ! que d'enfants dans les Pensionnats devraient
être condamnées à de longues diètes ! Vos maîtresses
n'emploient pas ce moyen de correction. Mais il faut
du moins que votre conscience ne puisse pas vous
faire ce reproche : Mon enfant, vous n'avez rien fait
pour mériter le pain que vous mangez.

Avant le repas, il faut dire votre *Benedicite*. L'usage
de Notre Seigneur, des Apôtres, des premiers chrétiens, de toute l'Eglise, nous enseigne à ne jamais
prendre notre repas sans avoir prié Dieu. Présentez
de la nourriture à votre petit chat, il mangera tout de
suite et sans façon. Je le comprends, votre petit chat
n'est qu'une bête. Mais vous, vous devez agir en chrétiennes qui savent que tout leur vient de Dieu et, par
conséquent, lui offrir leurs repas comme tout le reste,
suivant ce mot de saint Paul : Soit que vous mangiez,
soit que vous buviez, soit que vous fassiez quelque
chose que ce soit, faites tout pour la gloire de Dieu.

Dites donc votre *Benedicite*, mais en prenant garde
que cette prière, la plus courte peut-être de la journée, ne soit aussi la plus mal faite. Les mets qui
s'étalent complaisamment sous les regards, la fumée
qui monte et flatte l'odorat, pourraient être, si on ne
s'observait pas, une distraction suffisante pour empêcher de comprendre la prière que l'on récite.

Pendant le repas, vous avez à vous former aux usages qui s'observent à table dans la bonne compagnie. Ces usages doivent s'apprendre et tout l'esprit du monde ne suffirait pas pour les faire deviner.

« Dernièrement, raconte M. Delille, l'abbé Cosson, professeur de belles-lettres au collège Mazarin, me parla d'un dîner où il s'était trouvé quelques jours auparavant, avec des gens de la cour, des cordons bleus, des maréchaux de France, chez l'abbé de Radonvilliers, à Versailles.

— Je parie, lui dis-je, que vous avez fait cent incongruités.

— Comment donc ? reprit vivement l'abbé Cosson, fort inquiet. Il me semble que j'ai fait la même chose que tout le monde.

— Quelle présomption ! Je gage que vous n'avez rien fait comme personne. Mais voyons, je me bornerai au dîner. Et d'abord que fîtes-vous de votre serviette en vous mettant à table ?

— De ma serviette ? Je fis comme tout le monde: je la déployai, je l'étendis sur moi, et l'attachai par un coin à ma boutonnière.

— Eh bien, mon cher, vous êtes le seul qui ayez fait cela : on n'étale point sa serviette, on la laisse sur ses genoux. Et comment fîtes-vous pour manger votre soupe ?

— Comme tout le monde, je pense. Je pris ma cuiller d'une main et ma fourchette de l'autre...

— Votre fourchette, bon Dieu ! Personne ne prend

de fourchette pour manger sa soupe. Mais poursuivons. Après votre soupe que mangeâtes-vous ?

— Un œuf frais.

— Et que fîtes-vous de la coquille ?

— Comme tout le monde : je la laissai au laquais qui me servait.

— Sans la casser ?

— Sans la casser.

— Eh bien ! mon cher, on ne mange jamais un œuf sans briser la coquille. Et après votre œuf ?

— Je demandai du *bouilli*.

— Du *bouilli !* Personne ne se sert de cette expression ; on demande du bœuf et point de bouilli. Et après cet aliment ?

— Je priai l'abbé de Radonvilliers de m'envoyer d'une très belle volaille.

— Malheureux ! de la volaille ! On demande du poulet, du chapon, de la poularde ; on ne parle de volaille qu'à la basse-cour. Mais vous ne dites rien de votre manière de demander à boire.

— J'ai, comme tout le monde, demandé du champagne, du bordeaux, aux personnes qui en avaient devant elles.

— Sachez donc qu'on demande du *vin de Champagne*, du *vin de Bordeaux*. Mais dites-moi, de quelle manière mangeâtes-vous votre pain ?

— Certainement à la manière de tout le monde : je le coupai proprement avec mon couteau.

— Eh ! on rompt son pain, on ne le coupe pas... Avançons. Le café, comment le prîtes-vous ?

— Oh ! pour le coup, comme tout le monde : il était brûlant, je le versai par petites parties de ma tasse dans ma soucoupe.

— Eh bien, vous fîtes comme ne fit sûrement personne : tout le monde boit son café dans sa tasse et jamais dans sa soucoupe. Vous voyez donc, mon cher Cosson, que vous n'avez pas dit un mot, pas fait un mouvement qui ne fût contre l'usage. »

« L'abbé Cosson était confondu, continua Delille. Pendant six semaines il s'informait à toutes les personnes qu'il rencontrait de quelques-uns des usages sur lesquels je l'avais critiqué. »

C'est au Pensionnat que vous devez vous former à ces usages, petits, ennuyeux, si vous voulez, mais auxquels on est bien obligé de se conformer quand on est appelé à vivre dans le monde.

Pendant le repas, il faut bien se garder de faire les difficiles et de se plaindre. Ici, mes chères Enfants, j'ai pu le constater plus d'une fois, vous avez une nourriture saine et abondante, la qualité et la quantité n'y manquent jamais. Votre Mère supérieure y veille avec un soin actif. Donc des plaintes, des murmures touchant la nourriture ne pourraient avoir d'autres sources qu'un de ces trois mauvais instincts : la sensualité qui n'est jamais satisfaite, la vanité qui voudrait faire croire que chez soi on avait tout le souhait, la sottise et la faiblesse qui se laissent entraîner par le mauvais exemple.

Et si parfois, malgré toutes les précautions prises les choses ne sont pas aussi parfaites qu'on le voudrait, ne faut-il pas, mes chères Enfants, que vous vous accoutumiez à souffrir sans vous plaindre les inconvénients qui sont inévitables, passagers, et d'ailleurs sans conséquence pour votre santé ? N'est-il pas vrai que l'on est souvent fort mal servi dans les maisons les plus opulentes, quelquefois même chez les rois ? D'ailleurs, et c'est vrai, les enfants qui font les difficiles pour la nourriture sont, en général, celles qui ont été trop bien traitées et gâtées, et dont le corps a été plus et mieux nourri que l'esprit.

Ne vous montrez donc pas difficiles. Même, et pourquoi ne le dirai-je pas pour vous former de bonne heure aux véritables mœurs chrétiennes ? imposez-vous parfois de toutes petites privations pour Dieu. Saint Louis de Gonzague avait coutume, les veilles de communion, de séparer sur son assiette ou de laisser dans le plat commun, pour qu'on s'en aperçût moins, un tout petit morceau ; il appelait cela *faire la part du bon ange*. Vous pourriez au dessert prendre cinq petits fruits, vous n'en prenez que quatre. N'est-ce pas facile ? N'est-ce pas sans danger pour la santé ? N'est-ce pas utile ? utile pour expier vos péchés, puisque c'est une mortification ; utile pour témoigner à Dieu que vous l'aimez, puisque vous le faites sans y être contraintes ; utile surtout pour vous habituer à vous vaincre. Un saint disait : « Je n'aurai jamais confiance en l'énergie morale d'un homme qui ne sait pas se retrancher un fruit à son repas. » Au contraire, quand on s'est habitué à se vaincre dans ces riens de chaque jour, on est fort pour dire :

« non » aux tentations qui viennent nous solliciter.

Après le repas, vous devez réciter les *Grâces*. Aussitôt qu'une personne vous a rendu un service vous lui dites : Merci. N'est-il pas juste d'agir de la même sorte envers Dieu et de le remercier de la bonté avec laquelle il nous donne chaque jour ce qui nous est nécessaire ? Combien de personnes à qui il ne fait pas la même grâce ! Que de pauvres petites filles s'en vont de porte en porte demander un morceau de pain qu'elles n'obtiennent pas ! Dieu vous a mieux traitées, soyez reconnaissantes.

Quand le repas est terminé, vous ne devez plus rien prendre avant le repas suivant. Votre âme y gagnera puisque vous vaincrez ainsi le démon de la gourmandise ; votre santé aussi y trouvera son compte. Tous les médecins s'accordent à dire que l'estomac se fortifie quand on mange à des heures réglées, et que manger hors des repas surcharge l'estomac pendant que la digestion n'est pas finie.

Tels sont les conseils que je voulais vous donner. Avant le repas, gagner votre nourriture par le travail et dire votre *Benedicite*. Pendant le repas, suivre les usages qui s'observent à table dans la bonne société, ne pas faire les difficiles, même pratiquer de petites mortifications Après le repas, dire les *Grâces* et ne plus manger avant le repas suivant.

Jésus-Christ se servait des choses matérielles et visibles pour nous faire comprendre les choses invisibles et immatérielles. C'est ainsi que, voulant nous parler du ciel, il nous le représente sous l'image d'un festin. Il disait à ses Apôtres : « Je vous prépare le royaume comme mon Père me l'a préparé, afin que vous mangiez et que vous buviez à ma table dans mon royaume (1). » Ailleurs, parlant des serviteurs vigilants, image des bons chrétiens, il dit que le maître les fera asseoir à table et les servira lui-même (2).

Oh ! quand donc nous sera-t-il donné de ne plus toucher aux aliments grossiers de ce monde, mais d'aller nous asseoir à la table de notre Père qui est aux cieux ! Heureux qui sera du festin dans le royaume de Dieu !

(1) Luc, xxii, 29 et 30.
(2) Luc, x1, 37.

XVII

LES RÉCRÉATIONS

Mes chères Enfants,

Chaque chose a son temps. S'il y a un temps pour travailler, il doit nécessairement y avoir un temps pour se reposer. Votre règlement ne pouvait l'oublier, et il contient ce mot cher aux Pensionnaires : *Récréations.*

Ah ! si jamais on voulait biffer ce point du règlement, si jamais on parlait de proscrire les récréations, je crois que toutes vous prendriez immédiatement la défense de ces chères condamnées ; qu'elles trouveraient en vous d'éloquents avocats, et il vous serait facile de prouver, dans votre plaidoyer, que les récréations sont utiles à plus d'un point de vue.

L'esprit en a besoin.

Quand on a fait une longue route, les jambes fatiguées remuent avec peine, on avance lentement, il vient même un moment où l'on n'avance plus du tout. Qu'on se repose, et on reprendra la marche comme de plus belle. Il en est de même pour l'esprit. L'étude est un voyage, une marche souvent pénible à travers les diverses sciences ; l'esprit s'y fatigue, perd à la longue sa promptitude, son élasticité. Mais donnez-lui du repos, et vous lui aurez rendu toute sa vigueur première.

On lit dans un vieux livre que l'apôtre saint Jean avait une perdrix qu'il tenait sur son poing et qu'il caressait. Un chasseur, l'ayant vu, lui demanda pourquoi, étant homme de telle qualité, il passait le temps à chose si basse et vile. Saint Jean lui dit : « Pourquoi ne portes-tu pas ton arc toujours tendu ? — De peur, répondit le chasseur, que, demeurant toujours courbé, il ne perde la force de se tendre quand il en sera besoin. — Ne t'étonne pas donc, répliqua l'apôtre, si je me démets quelque peu de la rigueur et attention de mon esprit, pour prendre un peu de récréation, afin de m'employer par après plus vivement à l'étude et à la prière. »

Ceux qui se sont occupés d'agriculture savent que la terre se fatigue, s'épuise à la longue, et ils recommandent de la laisser reposer de temps à autre en ne lui confiant aucune semence. L'intelligence est une terre destinée à se couvrir des riches moissons de la science ; mais, pour ne pas l'épuiser, il est nécessaire de la laisser reposer, de ne lui rien faire produire à certains moments.

L'esprit a donc besoin de la récréation pour s'y délasser et y retremper ses forces.

Le corps n'en a pas moins besoin.

L'exercice est utile à tout âge ; au jeune âge il est indispensable. On ne peut lire sans attendrissement que, sur la recommandation de sa tante, la jeune fille de l'infortuné Louis XVI, Madame Royale, prisonnière dans la tour du Temple, marchait avec une grande vitesse, pendant une heure, la montre à la main, pour remplacer l'exercice qui lui manquait.

A votre âge les membres doivent se développer, les muscles se fortifier et s'assouplir, le corps achever de se former, toutes choses qui ne sont favorisées que par le mouvement. Sans le grand air, l'espace, le soleil, le mouvement, le bruit, l'enfant ressemble trop souvent à ces plantes qui ont grandi dans quelque coin, à l'ombre, et qui s'étiolent, sans vigueur, sans éclat, sans parfum. A votre âge l'exercice est le meilleur tonique. Souvent une récréation où l'on a bien joué vaut mieux que beaucoup de drogues venues de chez l'apothicaire. Et vous avez d'autant plus besoin de vous remuer que vous demeurez immobiles, soit à l'étude, soit en classe, et que vous travaillez neuf à dix heures par jour.

Le caractère a besoin de la récréation pour se former.

En classe, à l'étude, vous êtes à côté de vos compagnes, vous n'êtes guère en relation avec elles; il vous est défendu de leur parler ; vous êtes isolées. La récréation, au contraire, vous met en contact les unes avec les autres ; c'est la vie de société qui s'ouvre pour vous : vous pouvez donc là en faire l'apprentissage, en subir les froissements inévitables mais utiles, en pratiquer les vertus. Le frottement avec les autres corrigera presque forcément certains petits travers qui autrement eussent grandi chez vous.

Voilà quelques-unes des choses que certainement vous ne manqueriez pas de dire pour protéger les récréations contre les esprits chagrins qui voudraient les exiler, et pour leur conserver parmi vous le droit de cité.

Pour moi, bien qu'à première vue la chose paraisse tout à fait inutile, je voudrais vous dire ce qu'il faut faire pendant les récréations.

La première chose à faire est de jouer. Les personnes qui ont écrit sur l'éducation ont toujours attaché une grande importance aux jeux. « Il faut de toute nécessité, en récréation, que l'on joue, écrivait Mgr Dupanloup : c'est là et ce doit être un point de la règle. Il faut que les enfants sachent qu'ils sont positivement en faute, quand ils ne jouent pas. » — « Mes enfants, disait un grand instituteur de la jeunesse, M. l'abbé Allemand, quand vous jouez bien, quand vous courez bien, les anges, du haut du ciel, sont contents de vous, et moi aussi. » — « Je n'ai pas confiance en une enfant qui ne joue pas, disait une maîtresse expérimentée, la verrais-je passer des heures entières à la chapelle. » C'est au point qu'un grand évêque, qui s'est beaucoup occupé de l'éducation de la jeunesse, a écrit : « On peut juger avec exactitude

du bon ou du mauvais esprit d'une maison par le plus
ou moins d'activité des jeux en récréation... Une maison va bien quand les récréations sont animées...
Rien n'est pire que les maisons d'éducation où on ne
joue pas. »

En effet, qu'est-ce que c'est que ces groupes de
jeunes filles réunies dans quelque coin d'une cour et
où pérorent une ou deux parleuses ? Qu'est-ce encore
que ces promenades philosophiques d'enfants qui
conversent au lieu de jouer, et ces causeries à deux
le long des murailles ? A votre âge, ce n'est pas assez
pour la santé du corps ; c'est dangereux pour la santé
de l'âme. Aussi, si ces choses existaient ici, je n'hési-
terais pas à dire qu'il faudrait leur déclarer la guerre.
Point de ces philosophes péripatéticiens, point de ces
colloques intimes, point de ces groupes plus ou moins
inertes. La paresse trouve là, comme partout, son
compte ; le mauvais esprit ne demande pas mieux
que de s'y glisser ; l'innocence s'y perd souvent.
Qu'on joue, qu'on coure, qu'on s'amuse, que le sang
circule, que l'esprit se détende, que le mouvement et
la vie soient partout. La meilleure récréation sera
celle où vous aurez le plus joué.

Il faut jouer. Cela ne suffit pas : il faut jouer comme
des jeunes filles chrétiennes et bien élevées. Pour
cela, soyez *douces* et *endurantes*. Aucune de vous, je
pense, n'a la prétention d'être parfaite. Tous nous
avons nos défauts. Si les autres nous pèsent un peu
sur les épaules, soyons sûrs que nous pesons aussi,
et souvent, sur les leurs. Donc supportons les autres

si nous voulons que les autres nous supportent. Ne boudez pas, prenez gaiement votre parti et, comme le conseillait Socrate, vivez en guerre avec vos défauts, mais en paix avec les défauts d'autrui.

Soyez *complaisantes* et bonnes. La complaisance est le soin de faire ce qui plaît aux autres. Avec de la complaisance vous vous prêterez à certains jeux où vos compagnes vous désirent pour partenaires ; vous céderez facilement ; vous apprendrez volontiers les jeux à celles qui les ignorent ; vous cacherez leurs maladresses; vous ferez jouer les petites et celles que la timidité pourrait arrêter.

Soyez *polies* dans vos manières et dans votre langage. Il faut, c'est vrai, que la joie du jeune âge soit franche, ouverte, qu'elle s'épanouisse en plein air, qu'elle n'ait rien d'apprêté et de guindé; mais elle doit toujours rester dans les limites des convenances et du bon ton.

Soyez *modestes* pour ne rien dire de tant soit peu inconvenant ou léger. Que votre maintien soit modeste. Une jeune fille qui a le sentiment exquis de cette belle vertu se livre au jeu avec l'entrain de son âge, mais il y a dans tout son extérieur quelque chose qui le fait aisément deviner.

A l'occasion soyez *fermes*. La douceur, la complaisance, la politesse n'excluent pas le courage et la force. Ne souffrez pas que Dieu soit offensé en votre présence, qu'on critique, qu'on blâme, qu'on déprécie une maîtresse, qu'on raille une de vos compagnes ou qu'on fasse subir la moindre injustice à une enfant plus timide ou plus petite.

Vous ne serez pas des Don Quichotte pour redresser les torts ; mais ne serait-ce pas une lâcheté coupable de rire d'un propos peu délicat ou d'une conversation peu charitable? Sachez alors imposer silence. Quel que soit votre âge, quelle que soit votre classe, vous avez toujours l'autorité que donne la vertu. « Taisons-nous, le voilà, » disaient des enfants légers à l'approche d'un de leurs petits condisciples, Bernardin. Qu'on puisse en dire autant de vous.

Telles sont les principales vertus que vous devez pratiquer dans vos récréations pour les rendre chrétiennes.

Il est raconté dans les évangiles apocryphes que le petit Jésus jouait avec des enfants de son âge à façonner des oiseaux avec de la terre détrempée ; puis, soufflant sur eux, il les anima, et les oiseaux prirent leur volée vers le ciel. Vos récréations sont par elles-mêmes des actions bien ordinaires, comme des oiseaux d'argile; mais la douceur, mais la complaisance, mais la politesse, mais la modestie, mais la fermeté seront le souffle qui les animera et leur donnera des ailes pour leur permettre de prendre, comme toute autre action, leur essor vers le ciel.

Les récréations de chaque jour ne suffisent pas pour délasser de l'étude ; partout on a pensé qu'il était nécessaire d'y joindre des promenades, au moins une fois chaque semaine.

Toute promenade change l'horizon ordinaire, et par là même est une distraction qui repose et fait du bien. Mais une promenade à la campagne, une course dans les bois, ont un charme singulier, une utilité particulière qu'il faut savoir apprécier et sentir. Oui, mes chères Enfants, il y a dans la simple nature, dans les arbres touffus, dans les champs, les vergers, les frais ombrages, non seulement une source de douces émotions, de plaisirs purs, mais encore une école où se forme l'imagination et où on s'habitue à des mœurs innocentes.

Dans vos promenades soyez plus retenues que dans la maison, parce qu'on a les yeux sur vous, et qu'il faut donner bonne opinion de vous et de la maison qui vous élève. Ne jetez pas de ces cris qui font penser aux sauvages d'Amérique, au moment des éclipses. Ils s'imaginent qu'un gros dragon s'avance pour dévorer le soleil, et ils veulent le chasser en l'épouvantant. Ne vous éloignez pas de vos compagnes : les accidents arrivent si vite !

Dans un pieux auteur j'ai trouvé cette recette pour s'amuser beaucoup : « Allez en récréation après un devoir sérieusement appliqué et avec une conscience bien pure. »

N'est-il pas vrai qu'après un grand exercice on se sent de l'appétit, et qu'alors on trouve le repos meilleur ? Après le travail sérieux, l'application soutenue, on a faim de jeux et de distractions.

Une conscience pure est une source de joie. Le nuage du péché assombrit l'âme, il répand dans l'intérieur je ne sais quelle teinte triste, qui décolore toutes nos pensées. C'est une loi divine, dit saint

Augustin : la conscience criminelle est à elle-même son propre bourreau. On peut s'étourdir quelques instants, on peut simuler au dehors un bonheur de convention, mais le cœur est blessé et traîne avec lui le fer meurtrier.

Fuyez donc même l'apparence du péché. A votre âge il faut si peu de chose pour troubler la sérénité du cœur ! Une pensée, un geste, un regard, et la source est altérée. Conservez toujours votre âme sans péché, et vous garderez au fond du cœur une source toujours fraîche de joie et de bonheur. Vos récréations seront le vivant commentaire de cette parole de l'Ecriture : « Des chants de joie et de bonheur ont retenti dans la maison des justes, » *vox exultationis et salutis in tabernaculis justorum.*

XVIII

LE CHANT RELIGIEUX

Mes chères Enfants,

L'Evangile rapporte que le jour où Notre-Seigneur Jésus-Christ fit son entrée triomphante à Jérusalem, il traversa une partie de la ville et alla dans le Temple. Des enfants l'y suivirent, et là, cédant à l'enthousiasme général, ils se mirent à chanter à haute voix : « Hosanna au Fils de David ! » Les pharisiens, ennemis de Jésus, lui dirent : « Entendez-vous ces acclamations et ces chants ? — Oui, répondit le Sauveur ; mais vous-mêmes n'avez-vous pas lu ces paroles de l'Ecriture : La bouche des enfants a célébré les louanges du Seigneur ? »

Vous aussi, mes chères Enfants, chaque dimanche, à la sainte Messe, ou lorsque nous nous réunissons pour l'office du soir, vous chantez des psaumes, des hymnes, des cantiques. Pourquoi ces symphonies et

ces chants? Quel en est le but? car tout être raisonnable doit se proposer un but dans ses actions.

Je vais répondre pour vous.

Vous chantez afin de consacrer à la gloire de Dieu
une faculté, un don qui vient de lui.

La partie la plus noble de notre être, sans contredit,
c'est l'âme, qui est douée d'intelligence et d'amour.
Un poète l'a dit :

Notre âme est un rayon de lumière et d'amour.

Nous devons tout d'abord à Dieu l'hommage de cette
intelligence et de ce cœur : c'est pour nous un devoir
essentiel qu'on appelle le culte intérieur. Mais notre
corps vient également de Dieu ; c'est lui qui nous l'a
donné comme un beau vase sorti tout pur des mains
du statuaire; c'est lui qui a ouvert nos yeux, creusé
nos oreilles, dessiné nos lèvres. Il était donc juste
d'employer parfois à sa gloire cette faculté, cette
voix qui, comme tout le reste, nous vient de lui.

Vous chantez pour expier.

La parole est un beau don : par elle nous communi-
quons avec nos semblables, nous entretenons avec eux
ces relations qui sont une nécessité en même temps
que le charme de la vie. C'est du cœur que viennent
les grandes pensées, les généreux sentiments, les
saintes et salutaires inspirations ; mais c'est par la
langue qu'elles arrivent à la connaissance de nos
frères et qu'elles répandent de brillantes lumières,
de nobles et fécondes ardeurs. Hélas! que de fois on

abuse de cette précieuse faculté ! Mensonges, médisances, calomnies, railleries, conversations légères... pauvre langue, à quoi ne l'emploie-t-on pas? Que faire? Suivre le conseil de l'apôtre saint Paul. Il disait aux chrétiens de Rome nouvellement convertis. « Autrefois vous employiez vos membres à faire le mal ; maintenant servez-vous-en pour faire le bien. » Je vous dirai de même : Chantez les louanges de Dieu, de la Vierge Marie et des saints, c'est une compensation, c'est une expiation.

Quand les Hébreux sortirent de l'Egypte, ils prirent les vases des Egyptiens ; et ces vases qui avaient servi à des usages profanes ou criminels, ils les sanctifièrent en les employant à l'usage du vrai Dieu. Vous faites ainsi. Cette voix qui vous a servi à offenser Dieu, vous l'employez à glorifier Dieu. N'est-ce pas la meilleure expiation ?

Vous chantez pour imiter les anges et donner une idée du ciel.

Clovis, dans cette nuit mémorable du 25 décembre 496, arrivé devant la basilique de Reims étincelant de mille feux, et remplie de nuages d'encens qui embaumaient l'atmosphère, dit au pontife qui le tenait par la main : « Père saint, est-ce là le paradis que vous m'avez promis ? — Non, répondit l'évêque ; c'est le chemin qui y conduit. » — Nos églises et nos chapelles ne sont pas seulement le chemin qui conduit au ciel, elles sont l'image du ciel. Là réside sous les voiles eucharistiques le Dieu qui fait le bonheur des élus. Là les saints et les anges sont représentés par la peinture et la statuaire. Or le ciel retentit des concerts des anges. L'Ecriture nous représente les Esprits célestes proclamant toujours les louanges de l'Eternel. Ils chantent : « Saint, saint, saint, est le Seigneur, le Dieu des armées ! A celui qui est assis sur le trône et à l'Agneau, salut, honneur, gloire, bénédiction, dans les siècles des siècles ! » Vous chantez donc pour rappeler, à vous et à nous pauvres exilés, ce qui se fait en ce moment et ce que nous sommes appelés à faire éternellement dans la patrie céleste. N'est-ce pas là un enseignement utile? N'est-ce pas un but admirable?

Vous chantez parce que la musique, le chant réjouit.

Nous ne pouvons nous passer complètement de jouissances, il nous en faut ; l'important est de les chercher là où elles sont permises. Un des buts du christianisme est de donner satisfaction au cœur, de le réjouir par de saintes voluptés. C'est pour cela que l'Eglise fait appel aux ressources de l'harmonie, qu'elle désire qu'il y ait dans ses temples des fêtes où le corps et l'âme trouvent une légitime satisfaction. Tendresse maternelle de l'Eglise, admirable condescendance qui se proportionne à nos désirs et se mêle à nos plaisirs pour les sanctifier et nous attirer à Dieu ! L'homme aime l'harmonie ; le chant est pour lui un plaisir si vif qu'il le mêle à toutes ses œuvres, et, quand il ne chante plus ou n'est plus disposé à chanter, c'est une preuve que la vie morale s'éteint en lui. L'Eglise, avec l'instinct d'une mère, a vu cette tendance et ce désir du cœur, elle s'en empare pour les diviniser ; elle veut qu'on chante dans les églises afin que le plaisir de l'homme soit saintement satisfait.

D'ailleurs le chant repose, délasse.

« Voyez, disait saint Jean Chrysostome que je vous ai cité en un autre endroit : le cultivateur, le moissonneur, celui qui recueille le raisin au temps de la vendange, tout homme qui travaille aime à chanter. Le nautonier accompagne de sa voix les cadences de la rame, et les femmes elles-mêmes veulent que le mouvement harmonieux de leurs voix suive le mouvement de leurs mains qui s'agitent en travaillant. Cette influence du chant se fait sentir sur les animaux privés de raison, et les conducteurs chantent pour adoucir les sueurs de leur attelage. C'est que le chant adoucit toute chose, et que le travail devient plus facile quand la musique vient le soulever. » C'est pour cela que l'Eglise, en mère tendre, a introduit les chants dans ses offices. Elle a voulu enlever ce qu'il y a de trop sérieux dans la méditation des choses divines, rendre ce travail facile, et même faire disparaître jusqu'au sentiment de la peine qu'il pourrait renfermer.

Vous chantez parce qu'une des propriétés du chant, de la musique, est d'élever l'âme vers l'infini.

« Que d'hommes du monde, comme le fait remarquer un éloquent évêque (1), entrent parfois dans les églises

(1) Mgr Landriot.

avec des pensées terrestres, des sentiments charnels. Ils prennent leur place dans l'enceinte, mais
leur âme est ailleurs, elle est sur terre, dans la fange
peut-être. Puis tout à coup une voix, plusieurs voix
ont retenti, elles ont suivi les cadences des notes,
elles se sont élevées, elles ont disparu, et il y avait
dans leurs derniers accents quelque chose qui disait
qu'elles allaient au ciel porter l'hommage de la création. Ces hommes, ils l'avouent eux-mêmes, sont
soulevés malgré eux de terre ; ils retombent souvent
après sous leurs chaînes, mais ils ont été soulevés de
terre, ne fût-ce que quelques minutes, et, dans cet ins·
tant fugitif, ils ont dit comme malgré eux : Il y a donc
quelque chose qui vaut mieux que la chair et le sang ;
le divin existe donc ! Mais, quand l'âme est chrétienne
et pure, ces chants de l'Eglise la transportent immédiatement, elle rêve aux choses du ciel, il lui semble qu'une intelligence céleste lui a fait signe pour
lui parler de choses qu'on ne connaît pas sur la terre ;
alors, pour me servir des expressions d'un Père,
l'âme prend des ailes, elle monte, elle descend comme
un nuage promené quelque temps par la brise et qui
finit par se perdre dans les cieux : *alatam animam
efficit.* »

Vous chantez parce que la musique, le chant, est
un acte religieux, une véritable prière.

De tout temps on a considéré le chant comme devant faire partie du culte rendu à la Divinité. Les
païens chantent et exécutent des symphonies dans les
temples de leurs idoles. C'est au son des trompettes,

des tambourins, des harpes, c'est au chant des psaumes que le peuple d'Israël venait faire ses offrandes à Jéhovah et lui immoler des victimes. C'est que prier n'est pas seulement réciter quelques formules en usage ; prier est, dans un sens très vrai, répandre son âme devant Dieu. Or rien ne favorise cette effusion de l'âme comme la musique, le chant. Vous pouvez en faire l'expérience. Telle parole qui, récitée tout bas, eût à peine effleuré le cœur, l'excite au contraire, le réveille, l'anime aussitôt qu'elle est chantée. La tiédeur s'en va, la dévotion s'accroît, le sentiment pieux se savoure davantage. Les prophètes demandaient souvent un joueur de harpe pour être plus à même de recevoir l'inspiration céleste. Les psaumes, les cantiques, à mesure qu'on les chante, disposent les cœurs, et alors la piété, cette fille du ciel, s'y glisse sans effort. « O mon Dieu, disait saint Augustin, à ces hymnes, à ces cantiques célestes mon âme est ébranlée, et les suaves accents de votre Église me font verser des pleurs délicieux. Les chants coulent dans mon oreille, et la vérité, liqueur divine, s'épanche avec eux dans mon cœur. Ils soulèvent en moi les plus vifs élans d'amour ; mes larmes coulent en abondance, et j'aime à les voir couler. »

Pour produire ces heureux effets, il ne suffit pas que les chants soient exécutés, il est encore nécessaire qu'ils le soient avec des dispositions religieuses. « Chantez bien, disait David, chantez avec sagesse, *bene psallite ei.. psallite sapienter.* »

Il faut donc chanter avec *attention*, c'est-à-dire de cœur aussi bien que de bouche, remarquant le sens des paroles et les saintes pensées qui y sont contenues.

Avec *dévotion*, c'est-à-dire avec joie, amour et ferveur, avec une âme tellement éprise de Dieu que les chants puissent porter les fidèles à la piété.

En esprit de religion, étant ravis de sacrifier notre voix aussi bien que tout notre être à la Majesté divine.

Le saint curé d'Ars disait à de jeunes enfants chargés de répandre des fleurs sur le passage du Saint-Sacrement : « Mes enfants, mettez vos cœurs dans vos corbeilles et jetez-les avec vos fleurs sous les pas du bon Dieu. » Je vous dirai aussi : Mettez vos cœurs dans vos voix et envoyez-les comme un hommage au pied du trône de Jésus-Christ.

J'ajoute qu'il faut chanter *distinctement*, prononçant bien chaque syllabe, en sorte que tous les assistants entendent ce qui est chanté.

Ainsi vous commencerez dans le temps ce que vous espérez continuer avec les saints dans l'éternité. Là, est-il dit au livre de l'Apocalypse, « les saints chanteront un cantique nouveau devant le trône de Dieu et de l'Agneau (1). »

Les Irlandais, en parlant du chant de leurs bardes, ont écrit qu'ils étaient si beaux que les anges de Dieu se penchaient au bord du ciel pour les écouter. Sans

____

(1) Apoc. xiv, 3.

avoir précisément cette prétention, faites-vous un honneur et un bonheur de chanter les louanges de Dieu et de ses saints. Chantez pour consacrer à Dieu votre voix qui vient de lui, chantez pour expier les fautes de votre langue, chantez pour vous rappeler le ciel où tout retentit d'angéliques concerts, chantez pour élever vos âmes à Dieu ainsi que les âmes qui vous écouteront ; chantez enfin en mettant dans vos chants le sentiment de la prière, et alors les anges chanteront avec vous, et, du fond de son tabernacle, Jésus dira ces paroles que je vous citais en commençant : « De la bouche de ces enfants est sortie pour moi une louange parfaite : » *Ex ore infantium perfecisti laudem.*

XIX

LE CHAPELET

Mes chères Enfants,

C'était la coutume des anciens peuples, dans les pays orientaux, d'offrir des couronnes de roses aux personnes distinguées par leur mérite et par leur dignité. On ne croyait pas pouvoir les honorer mieux que par cette sorte de présent, et les chrétiens se plaisaient à honorer ainsi la sainte Vierge et les saints. Un illustre docteur, saint Grégoire de Nazianze, eut la pensée de substituer à cette couronne matérielle de roses une couronne spirituelle de prières, persuadé qu'elle serait plus agréable à la Mère de Dieu. Il composa à cet effet une suite de prières tissues des plus belles louanges, des plus glorieux titres et des plus excellentes prérogatives de Marie.

Cette innovation heureuse du quatrième siècle avait son prix pour les personnes instruites. Mais elle avait besoin, pour être à la portée de tous et pour devenir populaire, d'être composée des prières les plus ordinaires de l'Église et qu'il fût aisé de retenir par cœur. C'est l'idée que réalisa, au cinquième siècle, sainte Brigitte, patronne de l'Irlande.

Au treizième siècle, saint Dominique détermina un nombre fixe d'Oraisons dominicales et de Salutations angéliques. Il les divisa en dizaines, et établit qu'on rappellerait à chaque dizaine le souvenir d'un mystère de la vie de Notre-Seigneur ou de la sainte Vierge.

Telle est, d'après de graves auteurs, l'origine du Rosaire et du Chapelet.

Il est facile de comprendre qu'il était nécessaire d'avoir un moyen de compter le nombre des *Ave Maria*, autrement on s'exposait à ce qu'une interruption, une distraction, fît naître des doutes sur le nombre d'*Ave Maria* déjà récités. On les compta sur des grains. Cette coutume fut empruntée des anciens moines qui calculaient de la sorte le nombre de leurs prières. Ces grains furent disposés en forme de couronne, soit pour plus de commodité, soit pour rappeler l'origine première de cette dévotion.

Ce chapelet, que le règlement du Pensionnat vous fait réciter chaque jour, est tout à la fois un trésor de prières et un trésor de religieuses leçons.

Le chapelet est un trésor de prières.

Vous y trouverez les plus belles prières que nous possédions.

C'est, en premier lieu, le *Credo*, notre profession de foi, l'abrégé de la doctrine de Jésus-Christ ; ce que les Apôtres ont prêché aux risques de leur vie, ce qu'ont cru tous les siècles chrétiens, ce que les martyrs ont soutenu au prix de leur sang. Saint Pierre de Vérone, tombé sous le fer des bourreaux après une longue carrière apostolique, ne pouvant plus parler, écrivait sur le sable, avec le sang de ses blessures, les premières paroles du Symbole des Apôtres : « Je crois en Dieu. » Il n'en est pas un article qui n'ait eu ses défenseurs et ses martyrs. Et vraiment, lorsqu'on le récite dans le recueillement, on croit voir passer devant soi, procession sublime ! le cortège des pontifes, des docteurs, des vierges, des martyrs, se dirigeant vers le ciel en disant le Symbole qui ne périt pas.

C'est ensuite l'Oraison dominicale, le « Notre Père qui êtes aux cieux ». Si le Symbole est l'abrégé de ce que nous devons faire, le *Pater* renferme, dans ses sept demandes, l'abrégé de tout ce que nous pouvons demander à Dieu.

Prière sacrée entre toutes, car elle a Jésus-Christ lui-même pour auteur.

Prière efficace, parce que Dieu le Père y reconnaît le langage de son Fils. La prière est toute-puissante : l'Écriture nous l'atteste en cent endroits. Qu'est-ce donc quand nous prions avec les paroles mêmes de Jésus-Christ ?

C'est enfin la Salutation angélique. Lorsque l'archange Gabriel fut envoyé de Dieu à la bienheureuse Vierge Marie pour lui annoncer le mystère de l'Incarnation, il la salua en ces termes: « Je vous salue, pleine de grâce, le Seigneur est avec vous, vous êtes bénie entre les femmes. » Les hiérarchies du ciel avaient député un de leurs chefs à l'humble fille de David pour lui adresser cette glorieuse salutation ; et maintenant qu'elle est assise au-dessus des Anges et de tous les chœurs célestes, le genre humain, qui l'eut pour fille et pour sœur, lui renvoie d'ici-bas la Salutation angélique: « Je vous salue, Marie. » Quand elle l'entendit pour la première fois de la bouche de Gabriel, elle conçut aussitôt dans ses flancs très purs le Verbe de Dieu ; et maintenant, chaque fois qu'une bouche humaine lui répète ces mots, qui furent le signal de sa maternité, ses entrailles, comme s'exprime le Père Lacordaire, s'émeuvent au souvenir d'un moment qui n'eut point de semblable au ciel et sur la terre, et toute l'éternité se remplit du bonheur qu'elle en ressent.

Les paroles de sainte Élisabeth et celles de l'Église se joignent aux paroles de l'Ange, en sorte que le ciel et la terre, un ange, une sainte et l'Église, se sont unis pour composer cette délicieuse prière.

Ainsi, ce que nous avons de plus auguste comme prière, entre dans la composition du chapelet. Le chapelet est comme un écrin où l'Église a déposé ses trois plus beaux diamants.

Aussi voyez comme on aime à le réciter dans l'Église catholique ! On parle beaucoup, à notre époque, du suffrage universel. Je ne crains pas de dire que le chapelet a obtenu, parmi les âmes qui pratiquent, le suffrage universel. L'Eglise l'a attaché à la ceinture de presque tous ses religieux. Le missionnaire l'emporte avec lui sur les plages lointaines, comme une consolation et comme une force. La mère le récite près du chevet de son enfant malade ; la sœur le dit pour la conversion de son frère, l'épouse pour le retour de son époux aux pratiques religieuses. Dans les églises de campagne, le soir, on entend la voix grave des paysans récitant le chapelet à deux chœurs. Les pèlerins roulent dans leurs doigts les grains du Rosaire, et charment la longueur de la route par la répétition alternative du nom de Marie.

Ces paroles de l'*Ave Maria* se répètent souvent, et l'on entend demander pourquoi cette répétition.

Mais demandez plutôt à l'enfant pourquoi, chaque matin et chaque soir, en embrassant sa mère, il lui dit toujours les mêmes souhaits et les mêmes paroles d'amour. Marie est notre mère : notre chapelet, ce sont nos souhaits et nos paroles d'amour, toujours les mêmes. Du reste, « l'amour, disait le Père Lacordaire, n'a qu'un mot, et, en le disant toujours, il ne le répète jamais. » Demandez au peuple pourquoi il dit et redit, sur le passage du souverain, les mêmes et uniformes acclamations, les mêmes vivat ! Marie est notre bien-aimée souveraine ; le chapelet, ce sont nos acclamations qui se répètent, ce sont nos joyeux vivat.

Et puis, ne voyez-vous pas comme, avec ces prières qui sont toujours les mêmes, le chapelet est utile à tous ?

Il est nombreux le chiffre des ignorants. Le peuple qui n'est pas instruit, l'ouvrier, l'ouvrière qui ne savent pas lire parce qu'il leur a fallu de bonne heure gagner leur pain, ont ainsi, le soir, après le travail de la journée et le dimanche après les travaux de la semaine, ce livre où tout le monde sait lire, sans de longues études préparatoires.

Qu'il est grand aussi le nombre de ceux qui souffrent ! Quand on a souffert violemment dans le corps ou dans l'âme, et quand, au milieu des douleurs et de l'affaiblissement des forces, on a senti le besoin de tourner les regards vers le ciel, on comprend alors pourquoi la répétition des mêmes prières. Hélas ! quand on souffre beaucoup on ne peut pas s'astreindre aux prières difficiles ; il faut des pratiques de dévotion aisées, qui exigent à peine l'attention de l'esprit, qui puissent aller leur train, tandis que l'âme est comme anéantie. Le chapelet rend ce service.

Toutefois, la répétition pouvait engendrer la distraction de l'esprit. Saint Dominique y pourvut en distribuant les *Ave Maria* en plusieurs séries, à chacune desquelles il attacha la pensée d'un des mystères de notre Rédemption, qui furent tour à tour, pour la bienheureuse Marie, un sujet de joie, de douleur ou de triomphe. Et quand on contracte la bonne habitude de méditer ces mystères, on trouve dans le chapelet un trésor de bonnes pensées et de pieuses leçons.

Dans les mystères joyeux nous rappelons l'Annonciation, la Visitation, la Naissance de Jésus-Christ, sa Présentation au Temple et son Recouvrement au milieu des docteurs.

Les mystères douloureux nous font méditer sur l'Agonie de Jésus-Christ au jardin des Oliviers, sa Flagellation, son Couronnement d'épines, le Portement de croix et le Crucifiement.

Enfin les mystères glorieux nous montrent la Résurrection de Jésus-Christ, son Ascension, la Descente du Saint-Esprit sur les Apôtres, l'Assomption de Marie, son Couronnement dans le ciel.

C'est donc un abrégé de l'Evangile, une histoire en raccourci de la vie, des souffrances et des triomphes de Jésus et de Marie.

Eh! mon Dieu ! le Rosaire, avec ses différents mystères, est bien aussi un peu l'image de notre vie.

Tous, nous avons eu nos mystères joyeux : le baptême, les jours fortunés de l'enfance, une première communion bien faite, une absolution bien reçue, les joies de l'amitié et de la famille, la rencontre d'une âme faite pour la nôtre.

Qui de nous n'a eu ou n'aura ses mystères douloureux : les souffrances du corps, les déchirements du cœur, la mort d'une personne aimée ? qui de nous n'a eu sa croix ? qui de nous n'a eu son crucifiement ?

Mais, courage : nous aurons également nos mystères glorieux ! Notre corps de boue sera un jour transformé, nous aurons notre résurrection, nous aurons notre ascension vers la demeure de notre Père, nous aurons notre couronnement au ciel.

Que d'enseignements on puise dans cette méditation ! Sans entrer dans les détails des leçons qui ressortent de chacun des mystères, il est facile de voir que le chapelet nous montre que la joie n'est pas interdite à l'âme chrétienne, mais en même temps il lui en fait voir la source, Dieu. C'est Jésus qui s'incarne, Jésus qui commence à montrer sa vertu, Jésus qui naît, Jésus présenté au Temple, Jésus retrouvé dans le Temple, en un mot, toujours Jésus qui est la source de toutes les joies de Marie. Le chapelet nous montre donc la joie, au milieu des obscurités de la vie, comme un rayon de lumière, mais un rayon qui part du ciel.

Le chapelet nous fait sentir qu'il faut nous attendre à la douleur; mais il met en même temps sous nos yeux un modèle de résignation, et même, pour nous encourager, il fait briller l'espérance au terme de notre pèlerinage douloureux. Il nous dit, comme saint Paul : Si vous souffrez avec Jésus-Christ, vous serez glorifiés avec Jésus-Christ.

Quelles que soient les pensées pieuses qui occupent votre esprit pendant la récitation du chapelet, quelle que soit l'intention générale pour laquelle vous dites cette prière, je vous conseille d'avoir pour chaque dizaine une intention particulière : votre attention n'en sera que mieux soutenue et votre ferveur plus grande.

Je ne veux pas terminer cette instruction sur le chapelet sans vous dire une touchante histoire racontée par Mgr Dupanloup, évêque d'Orléans :

« Je me souviens d'avoir rencontré, de l'efficacité

de l'*Ave Maria*, un exemple que je n'oublierai jamais.
C'était auprès d'un lit de mort, et en recueillant et en
bénissant le dernier soupir d'une enfant qui m'était
bien chère, une toute jeune femme à qui naguère
j'avais fait faire sa première communion... Elle avait
vingt ans ; il y avait un an à peine que j'avais béni
son mariage, et riche, brillante, mère depuis quelques jours, heureuse, au milieu de tout ce bonheur
présent et de ces rêves d'avenir, elle allait mourir,
frappée d'une de ces maladies inexorables auxquelles
on n'échappe pas.

« Je ne savais comment aborder la malade, et je
fus stupéfait quand, arrivé près d'elle, je lui trouvai
le sourire sur les lèvres... La mort s'avançait à pas
pressés : elle le savait, elle le sentait ; elle avait
même un éclat de visage qui en révélait les appro-
ches ; et elle souriait avec une certaine tristesse
douce, où la joie surnageait. Je ne pus m'empêcher
de lui dire : « O mon enfant, quel coup !... Et elle, avec
un inexprimable accent : — Est-ce que vous ne croyez
pas, me dit-elle, que j'irai au ciel ? — Mon enfant,
répondis-je, j'en ai une grande espérance. — Et moi,
reprit-elle, j'en suis sûre. — Je lui dis : Qu'est-ce donc
qui vous donne cette certitude ? — C'est, me dit-elle,
un conseil que j'ai reçu de vous autrefois. Quand
j'ai fait ma première Communion, vous nous avez
recommandé de dire tous les jours l'*Ave Maria* et de
le bien dire. Je l'ai dit tous les jours, et même, depuis quatre ans, je n'ai pas manqué un jour de dire
mon chapelet tout entier. Et c'est cela qui fait que je

suis sûre d'aller au ciel. — Et comment ? — Ah ! je ne puis pas croire, ajouta-t-elle avec gravité, et c'est une pensée qui ne me quitte pas depuis que j'ai été frappée, je ne puis pas croire que j'aie dit depuis quatre ans, cinquante fois par jour à la sainte Vierge : « Sainte Marie, Mère de Dieu, priez pour moi, pauvre pécheresse, maintenant et à l'heure de ma mort, » et qu'en ce moment, où je vais mourir, elle ne soit pas près de moi. Elle y est, et j'en suis sûre ; elle prie pour moi, et c'est elle qui va m'introduire au ciel. »

« Voilà ce que me dit cette jeune femme, et je vis alors un spectacle que rien ne pourrait retracer, et une mort vraiment céleste. Je vis une tendre et frêle créature enlevée à cette fleur de son âge, à tout ce qui est le bonheur ici-bas, à tout ce qui fait aimer la vie, quittant là sur la terre, un père, une mère, un mari dont elle était adorée et qu'elle adorait, un pauvre petit enfant, gage si désiré et si cher ; quittant tout cela, non sans larmes, mais avec une sérénité radieuse ; consolant ses vieux parents, bénissant son petit enfant, encourageant son pauvre mari, et au milieu de tous ces liens qui essayaient en vain de la retenir, ne voyant que le ciel, ne parlant que du ciel ; et son dernier soupir a été un sourire à la grâce et à la gloire éternelle... »

Vous aussi, chères Enfants, dites avec fidélité votre chapelet et, à l'heure où Dieu vous appellera, vous sentirez les bénédictions de Marie sur vous.

XX

LA VISITE AU SAINT SACREMENT

———

Mes chères Enfants,

Saint Jean-Baptiste disait aux Juifs, en leur parlant de Jésus-Christ : « Il y en a un parmi vous que vous ne connaissez pas ; il est plus grand que moi, et je ne suis pas digne de délier la courroie de ses chaussures. » Il y en a un aussi parmi vous, qui est plus grand que tous. C'est Celui que les anges adorent au ciel ; Celui que les mondes saluent comme leur Créateur, Celui qui fait un signe et les étoiles accourent en tremblant et disant : Nous voici ; Celui enfin dont Dieu le Père dit toujours : Il est mon Fils bien-aimé. Plus heureuses que les Juifs, vous le connaissez, vous l'aimez ; vos cœurs ont dit son nom : Jésus-Christ Notre-Seigneur. Il habite chez vous, il veut bien recevoir un abri sous le même toit qui vous couvre, vivre à côté de vous, avec vous.

6*

Si j'avais pu vivre au temps où vivait Jésus, disent parfois les âmes pieuses, comme je me serais attachée à lui ! Comme je l'aurais suivi partout ! Il était si bon !... Oh ! que j'eusse été heureuse !

Mes Enfants, Jésus est près de vous, comme autrefois, avec son même cœur, avec sa même puissance ; seulement vous ne le voyez pas. Les pauvres aveugles non plus ne le voyaient pas, mais ils savaient qu'il était là. Oh ! qu'importe qu'un voile le dérobe à notre vue puisque nous sommes sûrs qu'il y est !

Il était de la plus haute convenance de ne pas laisser toujours seul un hôte de si grande distinction, et de venir au moins le saluer chaque jour. L'âme, d'ailleurs, ne pouvait que gagner en s'approchant du Dieu de toute perfection et de toute bonté. C'est pour cela que le règlement vient vous dire chaque soir, comme Marthe à Marie : « Le Maître est là, et il vous appelle. » Et, semblables à Marie, vous quittez tout et vous vous rendez aux pieds de Jésus-Christ.

Qu'allez-vous faire dans ces visites ? Mes Enfants, ouvrez l'Évangile, c'est le livre où l'on apprend tout, et animez-vous des sentiments qui amenaient les visiteurs auprès de Jésus durant sa vie mortelle.

Les uns venaient pour lui rendre leurs hommages. Tels sont les bergers accourant à la parole de l'Ange auprès du berceau de l'Enfant-Dieu. Tels sont les Mages. Ils arrivent de l'Orient avec leurs présents symboliques : l'or, l'encens et la myrrhe. Venez avec eux offrir à Jésus votre intelligence qui comprend, votre cœur qui aime, votre volonté qui se détermine, en un mot, votre être tout entier.

Les autres se rendaient pour solliciter quelques faveurs, soit pour eux, soit pour les autres. C'est Jaïre qui demande la résurrection de sa fille unique ; c'est l'officier de Capharnaüm qui supplie Jésus de rappeler à la vie son fils déjà agonisant. C'est la Cananéenne qui sollicite avec instance la guérison de sa fille. Ce sont les aveugles qui réclament la vue, des paralytiques qui voudraient recouvrer le mouvement de leurs membres, des malades de toutes sortes qui sollicitent leur guérison.

Avec eux tous, et à leur exemple, allez à Jésus.

N'avez-vous pas des personnes à lui recommander ? Dites-lui le nom de vos parents, de vos maîtresses, de vos petites amies ; après chacun de ces noms ajoutez ce que vous voulez que Jésus fasse pour eux. Soyez pleines de confiance, vous rappelant que Dieu a promis d'exaucer toute prière qui vient du cœur : et n'est-ce pas une prière du cœur, celle qu'on fait pour les personnes qu'on aime et qui nous aiment ?

N'avez-vous pas des grâces à demander pour vous ? Les vertus que vous n'avez pas encore, les défauts que vous devez déraciner. Jésus-Christ est le maître des biens de l'âme... Les biens du corps sont aussi en sa possession : santé, intelligence, succès, il peut tout donner.

Il en est qui venaient auprès de Jésus pour s'éclairer. Nicodème allait le consulter, la nuit. Un jeune homme venait lui demander : « Maître, que faut-il faire pour avoir la vie éternelle? »

N'avez-vous pas des projets qui vous occupent et sur lesquels vous seriez bien aises d'avoir des lumières ? Racontez à Jésus ces projets en détail ; dites-lui ce que vous voulez, les moyens que vous avez l'intention de prendre, et demandez-lui s'ils sont bons.

Je vois un homme qui vient remercier Jésus-Christ, car le Sauveur lui a dit : « Allez, montrez-vous au prêtre; » et, pendant qu'il s'y rendait, il a été guéri de la lèpre hideuse qui le couvrait. Jésus-Christ est notre bienfaiteur : qu'avons-nous que nous n'ayons reçu ? C'est de lui que nous tenons l'être, le mouvement et la vie. Allez donc lui faire savoir vos joies, lui faire part de vos bonheurs; dites-lui tout ce qui, depuis la veille, est venu vous consoler, vous faire sourire, vous porter à la joie : c'est une visite inattendue, une récompense que vous ne croyiez pas méritée, une crainte qui s'est dissipée tout à coup, un succès que vous craigniez de ne pas obtenir, une marque d'amitié, une lettre, un souvenir que vous avez reçus... Tout cela, c'est Jésus qui vous l'a ménagé. N'avez-vous pas un merci à lui dire?

Voici Marthe : elle s'approche de Jésus, le cœur rempli de tristesse : son frère est mort. « Maître, dit-elle, si vous eussiez été là, mon frère ne serait pas mort! » Elle cherche une consolation près du Sauveur.

N'avez-vous point parfois des ennuis, des peines? Mon enfant, racontez donc vos ennuis à Jésus-Christ avec beaucoup de détails. Qui vous a fait de la peine? qui a froissé votre amour-propre? qui vous a méprisée? Dites-lui tout, et puis vous finirez en disant que vous pardonnez, que vous oubliez, et Jésus vous bénira. Appréhendez-vous quelque chose de pénible? Confiez-vous à Jésus : il est là, il vous écoute.

N'avez-vous jamais péché? N'avez-vous pas cédé à quelque entraînement mauvais? Suivez Marie Madeleine: elle se rend dans la maison de Simon le Pharisien, verse sur les pieds du Sauveur ses parfums et ses larmes. Rendez-vous avec elle à la chapelle. La chapelle est comme la maison de Simon: Jésus-Christ y est : il fait bon y pleurer ses fautes, y prendre de nouvelles et fortes résolutions. Ne voulez-vous pas dire à Jésus que vous ne vous exposerez plus à cette occasion de pécher, que vous ne lirez plus ce livre, que vous n'userez plus de telle chose qui vous porte au mal? Ne voulez-vous pas lui dire que vous êtes résolue maintenant à être bonne pour cette compagne qui vous a froissée, à demander pardon à votre maîtresse, à faire la pénitence qu'on vous a imposée ?

Je ne veux pas poursuivre ces considérations, dans la crainte de fatiguer votre attention ; mais il vous sera facile d'en faire d'autres semblables. Vous pourrez aussi, pour aider votre piété, emporter un bon livre et en lire lentement quelques passages, vous arrêtant quand il vous semblera que votre cœur a besoin de parler ou d'écouter. Le livre de saint Alphonse de Liguori, *Visites au Saint-Sacrement*, renferme, pour tous les jours du mois, une courte lecture, pleine de suavité et d'onction, qui émeut bien souvent et fait croître en nous l'amour pour Notre-Seigneur. L'important est de lire avec foi et guidé par cette pensée : C'est Jésus-Christ qui me parle.

Les saints aimaient à visiter le très Saint-Sacrement. Saint François Régis se mettait à genoux à la porte quand l'église était fermée. Saint Alphonse de Liguori, cassé par l'âge et les infirmités, demandait qu'on le portât devant l'autel. « Conduisez-moi à la chapelle, disait-il ; j'ai quelque chose à dire à mon Jésus. » Sainte Madeleine de Pazzi faisait trente visites par jour au Saint-Sacrement. Qui n'a entendu parler de ce pieux religieux qui ne passait jamais devant une église sans y entrer au moins un court instant ?

Que cette dévotion soit la vôtre.

J'aime bien la dévotion aux saints : ils sont nos protecteurs auprès de Dieu, nos modèles ; ils sont nos pères dans la foi, les héros de notre race, de nobles et grandes figures. Mais les saints sont les amis de Dieu, et ici nous avons Dieu lui-même.

Elle est touchante la dévotion aux anges gardiens : nous leur devons beaucoup. Comme le jeune Tobie, ils nous conduisent dans ce périlleux voyage qui s'appelle la vie ; ils nous protègent contre le démon, ce monstre qui voudrait dévorer notre âme ; ils nous ramènent sains et saufs à la maison paternelle, c'est-à-dire au ciel. Mais les anges sont les serviteurs de

Dieu, les princes de sa cour, si vous voulez, et ici nous avons Dieu lui-même.

Au-dessus des anges et des saints, dans une auréole qui éclipse tout, voyez Marie. Tout cœur chrétien l'aime : sa dévotion est si naturelle et si douce ! Mais, après tout, Marie ne m'en voudra pas si je dis qu'elle est une créature très parfaite, mais enfin une créature, et ici nous avons le Créateur.

Je suis convaincu qu'aimer à visiter le très Saint-Sacrement est, sans exagération, une marque de prédestination.

Viendra le jour, qui peut-être n'est pas loin, où nous paraîtrons devant le tribunal de Jésus-Christ. Ah ! puissions-nous entendre sortir de sa bouche adorable cette parole qui nous appellera à l'éternité bienheureuse : « J'étais captif, captif de mon amour dans le tabernacle, et vous m'avez visité. »

Dans *Le Livre de piété de la jeune Fille*, par l'auteur des *Paillettes d'or*, on trouve, II° Partie, chap. IV, p. 327-360, de très touchantes considérations et de très pieuses pratiques pour les Visites au Saint-Sacrement.

IXX

LA CONFESSION

Mes chères Enfants,

Le baptême, en effaçant en nous le péché originel, ne nous a pas rendus impeccables. Nous sommes devenus les enfants de Dieu, c'est vrai ; mais cette sublime dignité n'a pas fait disparaître toute trace de la chute primitive. Nous sommes demeurés enclins au mal et exposés à succomber aux tentations. Quand donc ce malheur nous arrive, quand nous avons péché, tout est-il perdu ? Vous savez que non.

« Un père, dit le saint Évangile dans une parabole bien connue, avait deux fils. » L'un est la figure des âmes toujours bonnes, qui traversent la vie sans en connaître, beaucoup du moins, les souillures, et chez lesquelles aucune faute grave ne vient ternir la blanche robe de leur baptême. C'était l'aîné. L'autre, plus jeune, est la figure des âmes qui, cédant à l'entraînement des passions, s'éloignent de Dieu par le péché, mais retournent ensuite par une sincère conversion. C'est pourquoi il est dit que ce père avait deux enfants, parce qu'il y a deux sortes d'âmes qui sont réellement à Dieu, dont ce père de famille est l'image : les âmes innocentes et les âmes pénitentes.

Peu d'âmes conservent sans tache la robe de leur innocence et, colombes divines, retournent à l'arche sans avoir jamais souillé la blancheur de leur plumage. De là la nécessité de recourir à la pénitence, dont j'ai l'intention de vous entretenir aujourd'hui.

Les Pères de l'Eglise ont appelé ce sacrement le second baptême, qui n'est pas moins nécessaire aux fidèles qui tombent que le baptême aux infidèles non encore régénérés. Saint Jérôme le nomme la seconde planche après le naufrage. Car de même que, pour échapper à la mort, il ne reste au pauvre naufragé qu'une planche qu'il a pu saisir, ainsi, quand on a perdu l'innocence baptismale, le sacrement de pénitence est l'unique moyen de se sauver et de rentrer au port.

Comme pour la sainte communion, je me bornerai à vous expliquer les rites qui accompagnent l'administration de ce sacrement, car il y a dans les paroles prononcées, les actes produits, l'attitude prise, toute une série de graves et précieux enseignements.

Avant de vous présenter au saint tribunal, vous ôtez vos gants. Cette circonstance, insignifiante en apparence, est symbolique ; elle indique que vous allez découvrir votre âme au confesseur, que vous parlerez sans déguisement, que vous n'aurez rien de caché.

Entrées au confessionnal, vous vous mettez à genoux, pour témoigner par cette posture humiliée que vous êtes confuses d'avoir offensé Dieu.

Vous faites le signe de la croix. Ainsi commencent toutes les actions du véritable chrétien, surtout ses actes religieux. Au surplus, ce signe de croix sert 1° à implorer le secours de la sainte Trinité, 2° à vous exciter à la confiance en vous faisant souvenir que Jésus-Christ est mort sur la croix pour expier vos péchés ; 3° à vous rappeler que la vertu de ce sacrement, comme des autres, se tire de la passion et de la mort de Notre-Seigneur Jésus-Christ.

Vous demandez la bénédiction du prêtre, en disant: *Mon Père, bénissez-moi parce que j'ai péché.* »

Vous appelez le prêtre : *Mon Père,* parce qu'il tient près de vous la place de Dieu à qui vous dites chaque jour : Notre Père, qui êtes aux cieux. Ce nom de père, ainsi donné, ne va-t-il pas dilater le cœur et du confesseur et de la pénitente, inviter l'un à la bonté, et l'autre à la confiance ?

Vous dites : *Bénissez-moi,* et la raison c'est que *j'ai péché.* N'est-ce pas étrange ? Aux yeux des hommes, peut-être, mais non aux yeux de Dieu, car l'enfant prodigue qui dit : j'ai péché, est jugé digne des bénédictions paternelles.

Touché de la demande de son enfant, le prêtre dit, en formant le signe de la croix : *Que le Seigneur soit dans votre cœur et sur vos lèvres afin que vous fassiez une sincère et entière confession de tous vos péchés, au nom du Père et du Fils, et du Saint-Esprit. Ainsi soit-il.*

Vous récitez *Je confesse à Dieu*, qui est un aveu général que vous faites en présence de Dieu et des saints.

Comprenez bien, chères Enfants, chaque parole que vous allez dire.

Je confesse, c'est-à-dire j'avoue :

A Dieu tout-puissant, à ce Dieu que j'ai offensé en violant ses commandements, que j'ai méprisé en lui préférant une satisfaction d'un moment, contre lequel je me suis révoltée, comme les anges rebelles ; à ce Dieu qui a tout vu, qui a tout entendu, jusqu'à mes plus secrètes pensées. S'il avait voulu m'anéantir au moment où je commettais le péché, c'en serait fait de moi à cette heure. Je m'humilie devant sa toute-puissance : *Je confesse à Dieu tout-puissant.*

A la bienheureuse Marie toujours vierge, ma bonne mère, que j'ai contristée. Elle a été toujours sans tache ; sa vie entière a été comme un beau ciel que ne ternit aucun nuage, comme un fleuve qui roule toujours des ondes pures. Hélas ! que son enfant est loin de lui ressembler !

A saint Michel Archange, qui a chassé Satan du ciel. Oh ! qu'il m'aide à chasser de mon âme le démon à qui j'ai donné entrée par mes péchés.

A saint Jean-Baptiste, le grand prédicateur de la pénitence. Je l'entends me dire, comme autrefois aux Juifs : « Faites pénitence, car le royaume des cieux est proche. Préparez les voies du Seigneur, rendez droits ses sentiers. Déjà la cognée est à la racine de l'arbre. Tout arbre qui ne porte pas de bons fruits sera coupé et jeté au feu. » O grand saint, purifié même avant que de naître, retiré au désert, loin de la société des hommes, mortifié au point de ne porter sur votre chair qu'un rude vêtement de poils de chameau et de ne vous nourrir que de sauterelles et de miel sauvage, apprenez-moi à faire de dignes fruits de pénitence.

Aux bienheureux Apôtres saint *Pierre* et saint *Paul.* Jusqu'à présent je n'avais nommé que des êtres innocents et sans faute : la Vierge Marie, l'archange saint Michel, saint Jean-Baptiste. Leur pureté sans tache pourrait décourager mon âme coupable. L'Église le craint et, pour m'inviter à la confiance, elle me fait nommer saint Pierre et saint Paul qui ont péché. L'un a renié son Maître à trois reprises ; l'autre a persécuté les chrétiens. Ils ont été pécheurs, mais ils ont fait pénitence. Puisque je les ai imités dans leurs fautes, je dois les imiter dans leur repentir.

A tous les saints, qui ont vu mes désordres, qui en ont gémi. Je leur en fais l'aveu pour m'humilier et aussi pour les attendrir. Puisse leur sainteté faire le contrepoids de mes fautes et toucher le cœur de mon juge !

Et à vous, mon Père, qui êtes le visible représentant du Père invisible que j'ai au ciel, *que j'ai beaucoup péché par pensées, par paroles, par actions,* car il n'y a rien en moi qui n'ait servi à l'iniquité : mon esprit, ma langue, mon cœur, mes membres.

Dites ensuite depuis combien de temps vous vous êtes confessées, sans attendre que le confesseur vous le demande.

Aussitôt après, commencez l'aveu de vos péchés. Faites-le chaque fois comme si vous deviez mourir après votre confession. Cet accident peut arriver ; il est réellement arrivé plus d'une fois.. Ne voyez dans votre confesseur que Jésus-Christ lui-même. Dites-vous : Il n'y a là que Jésus-Christ et moi !

Défiez-vous des mensonges du démon. Il vous dira que le meilleur moyen pour que ce péché qui vous cause tant de honte ne soit jamais connu, c'est de le taire. Mensonge! car le meilleur, l'unique moyen pour que ce péché ne soit jamais connu, c'est de le dire à votre confesseur. Car alors Dieu l'oubliera, votre conscience ne vous le reprochera plus, votre confesseur l'oubliera bien vite et n'en parlera jamais. Si, au contraire, vous ne le dites pas, votre conscience vous le redira continuellement, Dieu le fera connaître à tout l'univers au jour du jugement général.

Le démon vous dira encore qu'il vous en coûtera trop de confesser votre péché. Mensonge ! Il vous en coûtera trop ! Et moi je vous dis qu'il vous en coûtera bien plus de ne pas le dire. Le remords n'est-il donc rien ? La crainte continuelle de mourir en réprouvé n'est-elle donc rien ? La certitude d'une éternité malheureuse n'est-ce donc rien ? Il vous en coûtera trop ! Et moi je vous affirme qu'après avoir dit votre péché, il vous semblera que vous avez un poids de moins sur la conscience ; de douces larmes couleront de vos yeux, vous serez heureuses d'un bonheur qu'on ne peut exprimer. Il vous en coûtera trop ! De quoi donc s'agit il ? Il s'agit pour vous de regagner le ciel que vous avez perdu ; il s'agit de racheter votre âme que vous avez vendue au démon, et pour cela, que vous demande-t-on ? Une parole ! Est-ce trop ?

Le démon vous dira que votre confesseur vous grondera. Mensonge ! Votre confesseur est un père, un ami, un autre Jésus-Christ. Plus votre péché sera grand, et plus il aura compassion de vous. Agissez donc avec la simplicité et la loyauté de l'enfant prodigue, et, comme lui, dites, sans rien cacher : « Mon Père, j'ai péché. » Faites connaître en quoi vous avez péché et le nombre de fois que vous êtes retombées dans les mêmes fautes.

Après l'aveu de vos péchés, vous dites, pour marquer que vous ne voulez pas vous excuser : *C'est ma faute, c'est ma faute, c'est ma très grande faute*, et, ce disant, vous vous frappez la poitrine à l'exemple du publicain et comme pour briser votre cœur qui a offensé Dieu. Vous vous frappez à trois reprises parce qu'on pèche de trois manières : par pensées, par paroles, et par actions.

L'aveu est terminé : vous avez révélé vos misères. Maintenant la Religion vous dit de ne pas vous désespérer, mais de vous souvenir que vous avez des intercesseurs auprès de Dieu ; elle vous dit de prier et vous priez en disant : *C'est pourquoi je supplie la bienheureuse Marie toujours vierge, saint Michel Archange, saint Jean-Baptiste, les Apôtres saint Pierre et saint*

Paul, tous les saints. Vous leur demandez d'intercéder pour vous auprès de Dieu que vous avez outragé. Vous vous adressez aussi à votre père, le prêtre : *et vous, mon Père, de prier pour moi le Seigneur notre Dieu.*

Satisfait de votre aveu sincère et de vos dispositions, le prêtre, père tendre, ami dévoué, dit : *Que le Seigneur tout-puissant vous fasse miséricorde, et qu'après vous avoir pardonné vos péchés il vous conduise à la vie éternelle.* » Puis il ajoute aussitôt : *Que le Seigneur tout-puissant et miséricordieux vous accorde le pardon, l'absolution et la rémission de vos péchés. Ainsi soit-il.*

Si le prêtre vous donne sa bénédiction, il prononce ces paroles : *Que la bénédiction du Dieu tout-puissant, Père, Fils et Saint-Esprit, descende sur vous et y demeure toujours.* Pendant ce temps vous inclinez la tête et vous faites le signe de la croix.

Si vous recevez la sainte absolution, vous inclinez la tête, comme la plante sous la pluie bienfaisante qui humecte sa corolle, et vous récitez posément et pieusement l'acte de contrition.

Pendant ce temps, le prêtre, étendant la main vers vous, en signe de son autorité, dit : *Que Notre-Seigneur Jésus-Christ vous absolve; et moi, au nom de son autorité, je vous délie de tout lien d'excommunication et d'interdit, dans la limite de mes pouvoirs et la mesure de vos besoins. Ensuite je vous absous de vos péchés au nom du Père et du Fils et du Saint-Esprit. Ainsi soit-il.*

Quel moment que celui-là !

Les liens qui vous tenaient captives du démon son

brisés et vous êtes rendues à votre liberté, comme ces pauvres chrétiens, captifs malheureux des Maures, qu'on allait chercher sur les côtes barbaresques pour les ramener dans leur patrie. Le démon est chassé de votre cœur, et Dieu reprend la place d'où il n'aurait jamais dû être éloigné. L'enfer se ferme. Le ciel s'ouvre. Les mérites perdus sont restitués. L'âme, morte par le péché, ressuscite comme la fille de Jaïre, comme le fils de la veuve de Naïm, comme Lazare mis depuis quatre jours au tombeau. La brebis égarée retourne au bercail. L'enfant prodigue rentre en grâce. Le ciel tressaille, car il y a plus de joie au ciel pour un pécheur qui fait pénitence que pour quatre-vingt-dix-neuf justes qui n'ont pas besoin de pénitence.

En ce moment ne vous préoccupez plus de rechercher vos péchés ; ne pensez qu'à l'amour du Dieu qui pardonne.

Vous avez entendu tout à l'heure que le prêtre déclare qu'il rompt tous les liens capables d'empêcher la réconciliation de l'âme pécheresse avec Dieu. Ces liens sont surtout l'*excommunication* qui sépare quelqu'un de la communion des fidèles ; c'est-à-dire lui ôte en tout ou en partie l'usage des biens spirituels communs à tous les fidèles ; et l'*interdit* qui défend à certaines personnes, ou en certains lieux, l'usage de quelques sacrements, la célébration des offices divins et la sépulture ecclésiastique.

A la formule de l'absolution le confesseur ajoute ce souhait : *Que la Passion de Notre-Seigneur Jésus-*

Christ, les mérites de la bienheureuse Vierge Marie, et de tous les saints, tout ce que vous ferez de bien, tous les maux que vous endurerez, servent à la rémission de vos péchés, à augmenter en vous la grâce et à vous mériter la vie éternelle. Ainsi soit-il.

Le prêtre dit enfin: *Allez en paix et priez pour moi.*

Allez en paix ! c'est la parole dont se servait Jésus pour congédier les malades ou les pécheurs, après avoir guéri les uns, pardonné aux autres. C'est aussi le fruit délicieux de l'absolution : la paix qui surpasse tout sentiment et qu'on ne peut goûter dans l'état du péché. « Il n'y a pas de paix pour les pécheurs, » a dit l'oracle sacré.

Priez pour moi. Si nous avons recueilli en confession le bienfait de la charité compatissante du prêtre, il est juste que nous l'aidions, autant qu'il est en nous, à remplir dignement ses devoirs et à effacer les taches qu'il aurait pu contracter en servant les intérêts de Dieu et les nôtres.

Sorties du confessionnal, faites quatre actes.

1° Remerciez Dieu qui vous a pardonnées. Ne causez pas à Notre-Seigneur le douloureux étonnement qu'il éprouva lorsque, ayant guéri dix lépreux, il vit que neuf ne revenaient pas lui en témoigner leur reconnaissance.

2° Renouvelez la résolution de ne plus pécher. Et, à ce sujet, laissez-moi vous donner un conseil qui me paraît très utile. Bien que le ferme propos doive s'étendre à tous nos péchés, faites-le porter sur un point spécial. Oui, mon Dieu, jusqu'à ma prochaine confession, j'éviterai telle faute, je corrigerai tel défaut, je pratiquerai telle vertu. Et pourquoi ne vous imposeriez-vous pas une petite pénitence, déterminée à l'avance, pour le cas où vous viendriez à manquer à votre résolution ?

3° Repassez les avis de votre confesseur pour les graver plus profondément dans votre mémoire.

4° Si vous le pouvez, faites immédiatement, pour ne pas l'oublier, la pénitence qui vous a été imposée. La pénitence donnée par le prêtre est d'une étroite obligation, elle fait partie du sacrement et elle demande plus de soins que toute autre prière.

Ces actes accomplis, retirez-vous sans vous attarder longtemps, puis reprenez tout de suite votre travail de tous les jours, et que votre fidélité et votre application prouvent à tous que vos confessions sont bonnes.

XXII

LA PRIÈRE DU SOIR

Mes chères Enfants,

Le jour touche à sa fin : les ombres du soir descendent et enveloppent toutes choses. La nature semble se recueillir. L'âme le fait aussi, comme instinctivement, dans le silence religieux qui précède la nuit. Elle se tourne vers Celui qui remplit tout de son immensité :

« Mettons-nous en la présence de Dieu et adorons-le. »

La prière va donc clore le jour comme elle l'a commencé. Celui qui est l'Alpha et l'Oméga, le Principe et la Fin, va présider à la dernière heure comme il a présidé à la première. L'âme commence par le saluer, en lui exprimant ses sentiments d'adoration, de foi, d'espérance, d'amour. Dites, en pesant bien tous les mots :

« Je vous adore, ô mon Dieu, avec la soumission
« que m'inspire la présence de votre souveraine

« grandeur. Je crois en vous, parce que vous êtes la
« vérité même. J'espère en vous, parce que vous êtes
« infiniment bon. Je vous aime de tout mon cœur,
« parce que vous êtes souverainement aimable, et
« j'aime mon prochain comme moi-même pour l'amour
« de vous. »

Notre vie est un tissu des bienfaits de Dieu. Dans
l'ordre naturel et dans l'ordre surnaturel, que n'a-
vons-nous pas reçu ! La journée qui vient de s'écouler
en est une preuve nouvelle. La vie et la santé, la
nourriture, l'instruction, les grâces spirituelles : que
de raisons de payer à Dieu la dette de notre reconnaissance ! Donc :

« Remercions Dieu des grâces qu'il nous a faites.

« Quelles actions de grâces vous rendrai-je, ô mon
« Dieu, pour tous les biens que j'ai reçus de vous ?
« Vous avez songé à moi de toute éternité ; vous
« m'avez tiré du néant ; vous avez donné votre propre
« Fils pour me racheter, et vous me comblez encore
« tous les jours d'une infinité de faveurs. Hélas !
« Seigneur, que puis-je faire en reconnaissance de
« tant de bontés ? Joignez-vous à moi, Esprits bien-
« heureux, pour louer le Dieu des miséricordes, qui
« ne cesse de faire du bien à la plus indigne et à la
« plus ingrate de ses créatures. »

Si Dieu est bon envers nous, souvent nous sommes
ingrats et méchants envers lui. Et encore, si nous le
comprenions bien ! Mais nous nous faisons illusion
sur le nombre et la malice de nos fautes. Parce qu'il

fait sombre dans la chambre de notre cœur, nous n'en apercevons pas les souillures. Comme le soleil dissipe les ténèbres de la nature, ô Esprit-Saint, soleil des âmes, venez dissiper les ténèbres de mon esprit. Je suis aveugle, faites que je voie.

« Demandons à Dieu la grâce de connaître nos « péchés.

« Source éternelle de lumière, Esprit-Saint, dissipez « les ténèbres qui me cachent la laideur et la malice « du péché. Faites-m'en concevoir une si grande hor- « reur, ô mon Dieu, que je le haïsse, s'il se peut, au- « tant que vous le haïssez vous-même, et que je ne « craigne rien tant que de le commettre à l'avenir. »

Aidés du secours d'en haut, entrons en nous-mêmes, parcourons, le flambeau à la main, tous les détours de cette Jérusalem intérieure.

« Examinons-nous sur le mal commis envers Dieu, « envers le prochain et envers nous-mêmes. »

Avant de se reposer, Dieu jeta un coup d'œil sur la création qu'il avait achevée, et il vit que tout était très bien. Il avait en effet accompli une belle œuvre. Il avait étendu le firmament comme une voûte d'azur, semé dans l'espace le sable brillant des étoiles, donné au soleil un diadème de feu et revêtu la lune d'une molle et douce clarté. Il avait jeté sur la face de la terre la verdure et les fleurs ; il avait peuplé d'êtres vivants les plaines de l'air, les eaux et les campagnes. La création avait alors, dans les premiers jours de sa naissance, une beauté, une fraîcheur, quelque chose de virginal que nos yeux n'y peuvent plus découvrir, parce que le péché est passé par là pour le détruire ; et, au milieu de toutes ces beautés, se promenaient nos premiers parents, Adam et Eve : Adam le plus beau d'entre les hommes qui furent ses fils, Eve la plus belle d'entre les femmes qui furent ses filles ; ils se promenaient en se tenant par la main, et le silence était ravi. Et Dieu lui-même, ravi de son œuvre, se dit : C'est bien, c'est très bien. Et il rentra dans son repos.

Oh ! mes chères Enfants, en jetant un regard sur votre journée, en suivant votre âme dans les diverses actions qui se sont succédé, le lever, la méditation, la messe, l'étude, la classe, les repas, les récréations, la visite au Saint-Sacrement, le travail manuel, les arts d'agrément, pouvez-vous dire comme Dieu : Je suis contente de moi ; ma journée a été bien remplie ; ce que j'ai pensé, ce que j'ai dit, ce que j'ai fait, tout est bien, tout est très bien ?

Humiliez-vous, demandez pardon, proposez-vous de mieux faire :

« Me voici, Seigneur, toute couverte de confusion
« et pénétrée de douleur à la vue de mes fautes. Je
« viens les détester devant vous, avec un vrai déplaisir
« d'avoir offensé Dieu si bon, si aimable et si digne
« d'être aimé. Etait-ce donc là, ô mon Dieu, ce que
« vous deviez attendre de ma reconnaissance, après
« m'avoir aimée jusqu'à répandre votre sang pour
« moi ? Oui, Seigneur, j'ai poussé trop loin ma malice
« et mon ingratitude. Je vous en demande très hum-

« blement pardon, et je vous conjure, ô mon Dieu,
« par cette même bonté dont j'ai ressenti tant de
« fois les effets, de m'accorder la grâce d'en faire, dès
« aujourd'hui et jusqu'à la mort, une sincère péni-
« tence. »

A quoi servirait le regret s'il n'était pas accompagné
de la résolution de mieux faire ? Le passé, hélas ! ne
nous appartient plus ; mais l'avenir s'ouvre devant
nous. C'est vers lui que nous devons tourner nos regards et nos désirs : qu'il soit meilleur que le passé,
qu'il le répare ; qu'instruits par l'expérience nous
veillions davantage sur nous. En conséquence :

« Faisons un ferme propos de ne plus pécher.

« Que je souhaiterais, ô mon Dieu, de ne vous avoir
« jamais offensé! Mais puisque j'ai eu le malheur de
« vous déplaire, je vais vous marquer la douleur que
« j'en ai par une conduite tout opposée à celle que
« j'ai gardée jusqu'ici. Je renonce dès à présent au
« péché et à l'occasion du péché, surtout de celui où
« j'ai la faiblesse de retomber si souvent. Et si vous
« daignez m'accorder votre grâce, ainsi que je la de-
« mande et que je l'espère, je tâcherai de remplir
« fidèlement mes devoirs, et rien ne sera capable de
« m'arrêter quand il s'agira de vous servir. »

Maintenant récitez l'Oraison dominicale, la Salutation angélique, le Symbole des Apôtres, la Confession
des péchés, vous inspirant des mêmes sentiments que
vous avez eus le matin en prononçant ces belles prières.
Ensuite vous vous recommanderez à Dieu, à la très

sainte Vierge et aux saints, car la nuit a ses dangers. C'est le moment que les voleurs, les assassins choisissent pour commettre leurs crimes, à la faveur des ténèbres. On a remarqué aussi que c'est le moment où les maladies deviennent plus aiguës, où la mort frappe de préférence ses coups. Au milieu de la nuit, dit le saint Évangile, l'Époux arriva, et des voix crièrent : Sortez au-devant de lui. Peut-être cette nuit, il me sera dit : O âme, sortez de ce corps qui était votre demeure; voici Jésus, le divin Époux : sortez au-devant de lui. Le démon, qui rôde sans cesse comme un lion qui cherche sa proie, le fait davantage encore quand il a la nuit pour complice. O Marie, ô mon bon Ange, ô ma sainte Patronne, à mon secours ! faites la garde autour de moi ; que demain mon âme soit pure comme ce soir.

« Bénissez, ô mon Dieu, le repos que je vais prendre
« pour réparer mes forces afin de vous mieux servir.
« Vierge sainte, Mère de mon Dieu, et après lui mon
« unique espérance, mon bon Ange, ma sainte Patronne, intercédez pour moi, protégez-moi pendant
« cette nuit, tout le temps de ma vie, et à l'heure de
« ma mort. Ainsi soit-il. »

Ne soyez pas égoïstes; ne pensez pas qu'à vous. Avant d'aller prendre votre repos, faites une dernière bonne œuvre. Payez votre dette de reconnaissance envers vos parents, vos bienfaiteurs. Priez pour tant d'âmes qui en ont besoin : le pauvre qui n'a pas eu peut-être le pain qui lui était nécessaire et qui va se coucher torturé par la faim ; le prisonnier dont la nuit sera si triste dans son lugubre cachot ; les affligés dont la douleur augmente dans la solitude ; les voyageurs loin de leurs demeures, peut-être égarés dans des sentiers perdus, sur le bord des abîmes : les malades plus souffrants, plus découragés, plus effrayés dans l'obscurité que ne chasse qu'imparfaitement la flamme vacillante de la veilleuse ; les agonisants qui luttent contre la mort, suent une sueur froide et de leur lit vont être transportés au tribunal du souverain Juge ; les hérétiques, les infidèles qui sont dans des ténèbres plus dangereuses que celles de la nuit ; les pauvres âmes qui souffrent dans le purgatoire. A toutes donnez, Enfants, donnez l'aumône d'une prière. Votre nuit en sera plus douce, votre sommeil plus béni. C'est pourquoi :

« Prions pour les vivants et pour les fidèles trépassés.

« Répandez, Seigneur, vos bénédictions sur mes « parents, mes bienfaiteurs, mes amis et mes enne- « mis ; protégez tous ceux que vous m'avez donnés « pour maîtres, tant spirituels que temporels. Se- « courez les pauvres, les prisonniers, les affligés, les « voyageurs, les malades et les agonisants. Conver- « tissez les hérétiques et éclairez les infidèles.

« Dieu de bonté et de miséricorde, ayez aussi pitié « des âmes qui sont dans le purgatoire, mettez fin à « leurs peines, et donnez à celles pour lesquelles je « suis obligée de prier, le repos et la lumière éter- « nelle. Ainsi soit-il. »

Terminez en récitant pieusement les Litanies de la très sainte Vierge. Une indulgence de 300 jours est attachée à cette récitation.

Votre prière du soir ainsi dite, posément, avec attention, piété et intelligence, sera vraiment votre baiser filial à votre Père du ciel, votre merci affectueusement exprimé pour les bienfaits reçus, votre demande de pardon pour les fautes du jour, votre acte d'abandon entre les mains de la Providence.

Ce grand devoir de la prière rempli, allez à la chapelle, si c'est l'usage de votre Pensionnat. Là, comme Marie Madeleine, dans un rapide acte d'amour, versez aux pieds de Jésus-Christ les parfums de votre cœur, puis rendez-vous, en silence, au dortoir.

C'est là que nous nous retrouverons bientôt.

XXIII

LE COUCHER

Mes chères Enfants,

Avec la grâce de Dieu nous aurons bientôt conduit à bonne fin les Conférences que nous avons entreprises sur les diverses actions qui se partagent votre temps pendant que vous êtes élèves au Pensionnat. Aujourd'hui nous sommes amenés à nous entretenir du coucher, et je voudrais vous enseigner quelques petites pratiques qui puissent vous aider à sanctifier cette dernière action du jour.

Je sens d'autant plus la nécessité de vous habituer de bonne heure à vous coucher chrétiennement que, sans cela, vous perdriez une très grande partie de votre vie. Tous les jours nous sommes environ huit heures au lit; des vingt-quatre heures de la journée, c'en est le tiers. Or c'est ce que nous perdrions si nous ne faisions pas un saint et bon usage de notre sommeil en sanctifiant notre coucher. En trente années de vie, dix seraient perdues! en soixante, vingt seraient inutiles! Ne serait-ce pas souverainement regrettable?

Je pourrais ajouter qu'il est difficile de ne pas donner prise aux tentations quand on se couche et qu'on s'endort sans penser à Dieu et sans aucune vue chrétienne. On est comme une place sans munition ni défense, où il n'y a pas de sentinelle qui veille : quel moyen de se défendre de ses ennemis?

Entrons donc dans des détails pratiques pour faire cette action avec des dispositions chrétiennes.

Il est des jeunes filles qui, montant au dortoir, récitent tout bas une dizaine de chapelet pour se mettre sous la protection de la sainte Vierge. C'est une pratique très louable et que je vous conseille.

Lorsque vous vous déshabillez, souvenez-vous de Jésus-Christ dépouillé brutalement de ses habits dans sa Passion. Quand les bourreaux lui arrachèrent ses vêtements, toutes les plaies qu'il avait reçues et qui avaient collé sa robe contre sa chair sacrée, se rouvrirent et lui firent souffrir à la fois tous les tourments de la flagellation. Oh! n'allez pas, en manquant à la modestie, renouveler les tourments de Jésus-Christ.

Reconnaissez aussi qu'en commettant le péché, en vous privant volontairement de la grâce qui revêtait votre âme, vous avez mérité d'être privées des vêtements qui couvrent votre corps. Ayez, en conséquence, des sentiments de pénitence, vous avouant à vous-mêmes et devant Dieu que vous n'êtes pas dignes d'être revêtues, vous présentant à lui en cet état comme de pauvres criminels qu'on met nus en chemise pour faire amende honorable, avant de les mettre à mort.

Détachez votre cœur des vanités de la toilette. Ce soir vous quittez vos vêtements, vos parures, pour les reprendre demain ; il viendra un jour où vous les quitterez pour ne plus les reprendre jamais, car ils ne vous suivront pas au tombeau.

Ayez un grand désir de vous dépouiller du vieil homme. Le vieil homme, c'est-à-dire ce fond mauvais qui est en nous, par suite de la chute originelle, même après que la grâce du Christ nous a relevés, guéris et déifiés. « C'est cet homme instinctivement orienté du côté de la terre, affamé de ses biens, avide de ses plaisirs ; cet homme sympathique au monde dont il a le goût et l'esprit ; pour qui dès lors le monde est fatalement un flatteur opiniâtre, un séducteur savant, un tentateur aussi dangereux qu'infatigable. C'est cet homme enfin en qui Satan, même après qu'il en est chassé, trouve encore ses vestiges, et qui garde avec ce démon toutes sortes d'affinités secrètes (1). » Ah ! si, en même temps que nous nous dépouillons de nos vêtements, nous pouvions nous dépouiller de ce vieil homme si vivant, si tenace, et l'empêcher de donner son fruit qui est le péché, que cette action serait sainte ! Ce doit être là, du moins,

(1) Mgr Gay, *De la vie et des vertus chrétiennes dans la vie religieuse*, t. II, De la mortification, p. 19.

le désir de nos cœurs et la grande disposition de la chrétienne qui se déshabille.

En vous mettant au lit, vous pourriez adorer Notre-Seigneur dans le mystère de sa sépulture. Au tombeau qui lui fut prêté par Joseph d'Arimathie, le Sauveur fut étendu, sans vie, enveloppé d'un blanc suaire, en attendant qu'au jour de Pâques il ressuscitât, comme vous, s'il plaît à Dieu, vous recommencerez, le lendemain, la vie quelques heures suspendue.

Pensez à la mort dont le sommeil est l'image. Dites-vous : Un jour, et ce jour sera peut-être bientôt, je serai couchée de la même manière, mes yeux seront fermés, mes traits immobiles, mes membres sans mouvement. Mes compagnes, mes maîtresses, mes parents, seront en pleurs autour de moi, ils m'appelleront encore ; mais mon âme sera partie pour son long voyage, elle sera devant son Juge. Quel bon sermon vous aurez là chaque soir !

J'irai plus loin, dussé-je vous paraître étrange, et je vous dirai : En vous étendant sur votre lit, acceptez la mort, livrez-vous à elle en esprit et en y mettant tout votre cœur, aimant cette mort parce qu'elle venge Dieu, parce qu'elle achève de détruire en vous son ennemie, l'aimant parce qu'elle accomplit et consomme en vous la justice. Un pieux auteur disait : « Comment se défendre de penser qu'une des premières joies de l'âme, et des plus vives, quand on est saintement mort, c'est de contempler son propre corps devenu tout entier la proie de la justice divine, et donnant cette gloire à son Juge de subir littéralement et complètement sa sentence : Tu es poussière et tu retourneras en poussière ! »

Maintenant que vous avez consacré un court instant à ces graves pensées et que vous allez vous endormir, vous dirai-je d'adorer le repos éternel et inénarrable que les trois augustes Personnes de la sainte Trinité prennent immuablement l'une dans l'autre : repos qui est la paix infinie et l'exemplaire suprême de toute paix au ciel et sur la terre ?

Vous conseillerai-je de concevoir un désir ardent de parvenir au repos bienheureux qui, dans le ciel, n'aura jamais de fin ?

Tout cela est bon, utile, pieux ; mais peut-être vous plairez-vous davantage à penser aux sommeils de Jésus. Qu'ils étaient beaux, qu'ils étaient sanctifiés ! Ah ! quel spectacle ce devait être que celui de ce divin corps ainsi pacifié, immobile et endormi ! Jésus dormait sur un coussin ou sur une couverture roulée, selon la coutume des Juifs. Il lui arrivait de dormir sur le gazon vert des collines, ou bien sur la terre nue, parfois la tête appuyée contre un arbre, d'autres fois posée sur une pierre. L'Evangile nous raconte qu'un jour il dormit sur la poupe d'une barque conduite par ses apôtres. « O mon Sauveur, écrivait un pieux auteur, qui dira la noblesse, la gravité, la simplicité, la modestie et la grâce de votre attitude pendant ces heures où vous dormiez ; la majestueuse sérénité de votre front, l'incomparable beauté de votre visage, l'harmonie dans laquelle tous vos membres étaient disposés, et les soulèvements si réguliers de votre poitrine, et la pureté exquise de votre haleine ? Jamais nuit d'été tiède, étoilée, limpide ; jamais lac dont la brise ne ride même pas la surface; jamais sommeil de petit enfant n'a donné à une âme poétique et contemplative une idée de quiétude aussi parfaite et aussi ravissante que ce sommeil où notre amour vous entrevoit plongé (1) .'»

Ne croyez-vous pas qu'il vous sera doux et salutaire d'y penser?

Laissez-moi vous indiquer encore quelques petites pratiques.

Il est recommandé de jeter de l'eau bénite sur le lit pour en chasser le démon et les mauvaises pensées.

Recommandé aussi de se mettre un instant à genoux et de réciter l'acte de contrition. A cette heure-là, cet acte se récite avec une ferveur particulière.

Une fois au lit, faites un bon signe de croix. Quand ils parcourent des régions où ils sont exposés à être attaqués par des bêtes féroces, les voyageurs font, le soir, autour de leur campement, un grand feu que l'un d'eux entretient ; alors les autres dorment tranquilles. Le démon, que saint Pierre a comparé à un lion, rôde autour de vous pour vous dévorer. Le signe de la croix sera le cercle de feu qui l'empêchera d'approcher.

(1) Mgr Gay. 45° *Élévation sur la vie et la doctrine de N.-S. Jésus-Christ.*

Baisez votre scapulaire, en disant : « O ma Mère, gardez-moi, défendez-moi comme votre bien et votre propriété ! »

Maintenant, laissez venir le sommeil : il sera doux, salutaire et sans danger.

Dans l'ancienne loi Dieu avait établi deux sacrifices principaux qu'on ne manquait jamais de lui offrir tous les jours : l'un se faisait le matin, l'autre le soir. Mes chères Enfants, encore que Dieu demande l'offrande de toutes nos actions, parce que c'est un tribut qui lui est dû, néanmoins il est vrai qu'il n'y en a pas une qu'il exige plus particulièrement que le lever et le coucher, qui sont la première et la dernière action de la journée. Nous lui devons la première parce qu'il est notre premier principe ; nous lui devons la dernière parce qu'il est notre dernière fin. Sanctifiez donc toujours ces deux actes, et que votre lever et votre coucher soient votre sacrifice du matin et votre sacrifice du soir, tous deux d'une agréable odeur devant Dieu.

J'ai fini ; mais je veux vous réciter une petite poésie qui résume assez bien ce que je viens de vous dire :

Des jeux et des travaux le terme enfin s'avance,
Et la prière a clos ce qu'elle a commencé.
Tout rentre sous la loi de l'austère silence ;
Et, plus calme, l'esprit vers Dieu s'est élancé.

Comme un dernier adieu la cloche encore soupire ;
On n'entend plus des pas le confus mouvement,
Comme des chants lointains, le bruit dans l'ombre expire...
Dans le dortoir muet tout est sans mouvement

Ah ! protégez, Seigneur, à l'ombre de votre aile,
La famille endormie en votre sainte paix !
Qu'à ses chevets légers veille un ange fidèle !
Surtout que l'ennemi n'en approche jamais.

Mais un enfant sourit... Quelque douce chimère
Sans doute le ramène à son pays lointain.
Il a revu ses sœurs, il embrasse sa mère !...
Erreur, aimable erreur, dure jusqu'au matin !

La lampe seule veille en cette immense salle...
A sa pâle clarté d'où vient que je frémis ?
Encore soixante ans, et sous la froide dalle,
Tous comme ici muets, nous serons endormis (1).

(1) *Chansons d'Ecolier*, par M. Moreau.

XXIV

LA RETRAITE ANNUELLE

Mes chères Enfants,

Un fait de l'Évangile va nous dire ce qu'est une retraite et les dispositions qu'il faut y apporter.

Il y avait en face de Tibériade, sur la rive orientale du lac, en remontant un peu vers le nord, une région très montagneuse et presque inhabitée. C'était une suite de mamelons qui formaient une chaîne ondulée et flexible. Leurs beaux sommets arrondis étaient couverts de broussailles verdoyantes ; mais, comme leurs flancs très serrés ne laissaient passage à aucune vallée et par conséquent à aucune route, la population ne s'y était pas établie. Il n'y avait place, tout au plus, sur leurs vastes pelouses, que pour des troupeaux, et sur leurs pentes inclinées à la mer que pour des huttes de pêcheurs jetées çà et là. Jésus, ayant fait venir une barque, traversa le lac avec ses apôtres et se rendit dans cette région montagneuse et déserte.

Or le peuple, témoin des miracles qu'il opérait sur les malades, se mit à sa recherche. Quelques personnes qui avaient vu partir le Sauveur en compagnie de ses apôtres, l'ayant déclaré à beaucoup d'autres, la foule fit à pied le tour de la partie septentrionale du lac, et elle y mit tant d'empressement qu'elle arriva avant que la barque eût atteint l'autre rive : *prævenerunt eos.*

Ainsi, mes chères Enfants, durant les jours qui précèdent la retraite annuelle, vous devez, comme la foule, chercher Jésus ; vous devez devancer sa venue par les ardents désirs de vos cœurs, par le recueillement qui dispose à la retraite, par la prière qui assure les grâces nécessaires pour en profiter.

Puis, quand sonne l'heure bénie qui ouvre ces saints exercices, il faut vous mettre plus activement encore à la recherche de Jésus. Ne dites pas : « Demain ; » dites, au contraire, comme le psalmiste : « C'est à l'instant que je commence : » *dixi, nunc cœpi.* En entrant dans le monde Jésus a dit : « Père, je viens pour faire votre volonté. » En entrant dans la retraite, en mettant le pied sur ce seuil sacré, dites : « Père, je viens pour faire votre volonté. » Au milieu du silence de la nuit une voix se fit entendre ; elle disait : « Samuel, Samuel ! » Et l'enfant, quittant sa couche, courait au grand prêtre pour lui dire : « Me voici, car vous m'avez appelé. » Dieu vous appellera, chères Enfants, chacune par votre nom.

Dès le premier instant, quittez la couche de l'indifférence, la couche de la tiédeur, peut-être la couche du péché, sur laquelle vous étiez étendues ; courez vers Jésus et dites-lui : Me voici !

Non seulement la foule cherche Jésus avec empressement, mais elle le cherche aussi avec une sainte générosité ; elle ne craint pas de se donner de la peine, elle fait à pied le tour de la partie septentrionale du lac ; tout à l'heure elle gravira, à la suite du Sauveur, les flancs escarpés de la montagne, elle passera plusieurs jours sans s'occuper de prendre de la nourriture.

Il faut également ne pas craindre votre peine. Une retraite ne se fait guère sans fatigue. Il faut se fatiguer pour écouter les instructions, se fatiguer pour y réfléchir, se fatiguer pour s'en faire l'application, se fatiguer pour étudier le passé de sa vie, son présent, et préparer les moyens de persévérance dans l'avenir.

Mais comment ne pas être généreux pendant la retraite, quand on se rappelle qu'il y a des moments décisifs après lesquels l'avenir est assuré ou compromis ?

Abraham reçoit l'ordre de prendre son cher fils Isaac et d'aller l'offrir en holocauste sur une montagne qui lui sera montrée. Avant le jour, Abraham est en chemin, et le soleil levant le trouve déjà loin de chez lui. Arrivé au terme, il dresse le bûcher, il y attache son fils, il lève le bras pour frapper. Quelle générosité ! Et Dieu lui dit : « Parce que tu as fait cet acte, tu seras béni, et toutes les nations de la terre seront bénies en

Celui qui sortira de toi. » Dieu attendait Abraham là, dans cet acte décisif, pour le bénir et bénir tout son avenir.

Au contraire, voyez Saül. Il a l'ordre d'attendre l'arrivée du prophète Samuel qui doit offrir un sacrifice. Le prophète tarde à venir, Saül offre lui-même le sacrifice, et Dieu dit : « Parce que tu n'as pas obéi, maintenant tu seras rejeté. »

Oui, chères Enfants, il est des actes après lesquels l'avenir peut être décidément assuré ou décidément compromis ; et les auteurs s'accordent à dire que généralement les retraites sont du nombre de ces actes décisifs.

Comme donc les sacrificateurs antiques, au commencement des sacrifices, jetaient ce cri : « Soyez tout à l'action qui se fait, » *age quod agis*, croyez que Dieu vous dit : Soyez tout à la retraite, faites bien ce que vous avez à faire. Il ajoute avec un prophète : *Si quæritis, quærite*, « si vous cherchez Jésus, cherchez-le bien : » comme la foule, cherchez-le avec empressement ; comme la foule, cherchez-le avec une sainte générosité.

Cette arrivée de la foule dérangeait en apparence tous les plans de Jésus qui avait dit à ses disciples : « Venez un peu à l'écart dans un lieu désert pour y goûter un instant de repos. »

Mais Jésus était trop profondément ému par l'amour que lui témoignait ce peuple pour ne pas l'accueillir avec bonté.

Que fit donc Jésus pour cette foule qui l'était venu trouver? Précisément ce qu'il a l'intention de faire pour vous-mêmes pendant la retraite.

Il se mit à les instruire, *cœpit illos docere multa.*

Jésus a beaucoup de choses à vous dire : c'est pourquoi il vous prendra à l'écart. Il y a des choses que vous savez depuis longtemps. Ainsi vous savez qu'il n'y a pour vous que deux avenirs possibles : une éternité de bonheur, ou une éternité de malheur. Vous savez que vous devez vous tenir toujours prêtes à paraître devant Dieu parce que vous ne connaissez ni le jour ni l'heure de votre mort. Vous savez que le péché est une monstrueuse ingratitude. Vous savez que Dieu veut être aimé par dessus tout, et que celui qui aime son père, sa mère, ses frères, ses sœurs, plus que Dieu n'est pas digne de Dieu. Vous savez ces choses ; mais ces grandes vérités risquent de perdre à vos yeux un peu de leurs majestueuses proportions et de n'avoir plus sur votre conduite cette influence salutaire et forte qu'elles doivent exercer. C'est pourquoi Jésus viendra vous les redire.

Il est d'autres choses que vous ignorez et qu'il vous importe de savoir. Quelles sont-elles ? Je n'en sais rien, mais ce que je sais, c'est qu'il y a de ces paroles de Jésus qui ne se disent d'ordinaire que dans les retraites ; ce que je sais, c'est que, dans ces jours bénis, sous l'enseignement de Jésus, il y a pour les âmes des horizons nouveaux qui s'ouvrent, il y a des voiles qui se déchirent, il y a des lumières spéciales qui éclairent : *cœpit illos docere multa.*

Jésus qui veut vous parler comme à la foule, attend de vous que vous l'écoutiez comme la foule.

Il vous parlera par la voix de son prédicateur et il vous demande de l'écouter avec un grand esprit de foi. Un homme célèbre, qui allait tous les dimanches à l'église entendre une voix humainement moins éloquente que la sienne, disait : « Quand le prêtre parle, je vois Dieu derrière lui. » Ce que voyait Donoso Cortès, tous les vrais chrétiens le voient, vous le verrez, mes Enfants, vous verrez Dieu derrière le prédicateur, vous verrez Dieu dans le prédicateur, Dieu vous parlant, Dieu vous exhortant par les lèvres du prédicateur. Autrement les sermons n'auraient sur vous aucun résultat sérieux. Si vous ne veniez voir qu'un homme, n'entendre qu'un homme, Jésus ne vous dirait rien, il ne vous parlerait pas ; comme devant Hérode qui ne voyait en lui qu'un homme, il se tairait, et ce serait un terrible châtiment.

Il n'en sera pas ainsi pour vous. Jésus vous parlera par la voix de son prédicateur ; il vous parlera encore par les lectures de piété que vous ferez, par les exemples édifiants que vous vous donnerez les unes aux autres. Toutefois il ne s'interdira pas de vous parler lui-même, personnellement, cœur à cœur. Dieu le Père vous dit, comme aux Apôtres sur le Thabor : « Celui-ci est mon Fils bien-aimé en qui je mets mes complaisances, écoutez-le » dans le silence de vos consciences. Et lui-même nous prévient que, s'il conduit l'âme dans la solitude, c'est qu'il veut lui parler au cœur. Trop souvent nous avons prêté l'oreille au

langage du monde, au langage de la passion, de la
vanité, de la sensualité. Maintenant, c'est la parole de
Jésus qu'il faut écouter. Et, pour l'écouter, le recueillement, le silence sont nécessaires. Dieu n'est pas
dans le bruit. Quand une âme est semblable au grand
chemin, à la place publique, que tous les bruits et
toutes les préoccupations la traversent en tous sens,
le grain de la parole divine n'y germe pas. Écoutons
Jésus et à tout le reste répondons comme Néhémias.
Ce grand homme avait été chargé de rebâtir les murs
renversés de Jérusalem. On vint l'avertir que les
ambassadeurs d'un roi désiraient l'entretenir, il répondit : « J'ai une œuvre trop grande à faire, je ne puis
descendre. »

Parlez donc, Seigneur, nous sommes ici pour vous
entendre.

Seigneur, que voulez-vous que nous fassions ?

Que fit encore Jésus pour la foule qui l'avait suivi
au désert ? Il guérit ses malades, *curavit languidos
corum.*

Tel est le second bienfait que vous apportera la
retraite : la guérison.

Les maladies des âmes sont les péchés, de quelque
nature qu'ils soient.

Les maladies des âmes sont les mauvaises habitudes qu'elles ont contractées et qui si souvent les
font tomber dans le péché.

Les maladies des âmes sont cet ensemble de
malaises, de souffrances qui, sans être parfaitement
localisées et caractérisées, témoignent que la santé

de l'âme n'est pas florissante et que la vie n'y circule pas à pleins bords.

Les maladies des âmes sont encore cette sorte d'anémie, si commune de nos jours, et qui s'appelle la tiédeur.

Quel que soit l'état de vos âmes, Jésus veut vous guérir, *curavit languidos eorum.*

Mais voyez : la foule présente ses malades à Jésus pour en obtenir la guérison. Vous, mes chères Enfants, vous étudierez de près vos âmes pour en découvrir les maladies ; vous chercherez à vous connaître telles que vous êtes, sans vouloir vous faire illusion. Vous direz comme l'aveugle de Jéricho : « Seigneur, faites que je voie, » faites que je voie ce qu'il y a de défectueux en moi. Vous répéterez après saint Augustin : *Noverim te, noverim me !* Seigneur, ah ! que je vous connaisse pour vous aimer davantage ; que je me connaisse pour demander ma guérison.

Puis, les maladies reconnues, vous les présenterez à Jésus dans la prière ; vous les présenterez au prêtre en toute simplicité et franchise. Que gagneriez-vous en cherchant à lui faire illusion? Le pharisien orgueilleux ne se croyait pas malade ; le pauvre publicain s'avouait infirme. Le premier garda ses maladies, le second s'en retourna guéri.

Jésus avait un troisième don à faire à ce peuple qui l'avait cherché avec tant de générosité et d'empressement, qui l'avait écouté avec tant de foi et dont il avait guéri les malades.

Le soir venait. Cette foule d'hommes, de femmes,

d'enfants n'avait rien à manger. Une immense compassion fait battre le cœur de Jésus. Il ne les laissera pas s'en aller à jeun, de peur qu'ils ne défaillent en route. Mais où trouver des provisions pour tant de monde ? C'est la question que se posent les apôtres sans savoir comment la résoudre. Philippe avoue franchement son impuissance : « Quand on aurait pour deux cents deniers de pain, cela ne ferait guère pour chacun. » André cherche un moyen. « Il y a bien là un petit garçon qui a cinq pains d'orge et deux poissons ; mais qu'est-ce que cela pour tant de monde ? »

Cependant Jésus ne juge pas comme André. Il est vrai que ces cinq pains et ces deux poissons sont peu en rapport avec les besoins d'une telle foule ; mais c'est assez pour lui. Il ne reste plus qu'à faire régner dans le banquet un ordre digne de celui qui l'offre. « Faites-les asseoir, » dit-il à ses apôtres. Les collines étalaient alors leur verdure printanière : sur ce frais tapis les troupes prennent place par rangées régulières de centaines et de cinquantaines.

Alors Jésus prend le pain, le bénit, le rompt et le donne aux disciples, pour le distribuer. Et voilà que ce pain se multiplie dans ses mains divines, il en donne toujours aux disciples, et les disciples en donnent toujours au peuple, jusqu'à ce que tous soient rassasiés.

Ce repas miraculeux devait préparer le monde au don d'un autre pain descendu du ciel qui se multiplie sans jamais manquer afin d'être l'aliment des âmes, pain mystérieux qui n'est autre que Jésus lui-même servi au banquet eucharistique. Comme la foule, vous vous assiérez toutes à ce banquet, *manducaverunt omnes ;* et, préparées par ces jours de récollection, vous ferez de cette communion une des meilleures communions de votre vie, une communion qui réparera ce qu'il pourrait y avoir eu de défectueux dans les communions précédentes. Elle sera comme le pain donné à la foule pour qu'elle ne tombe pas en défaillance dans le chemin, comme la nourriture qui soutint le prophète Élie jusqu'à Horeb, la montagne du Seigneur.

Il n'est pas besoin de dire l'enthousiasme de la foule à la vue d'un pareil prodige. Ces gens s'écriaient: « Celui-ci est sans doute le prophète qui doit venir au monde ; » et bientôt il n'y eut plus qu'une pensée dans ce peuple : s'en emparer et le faire roi.

Tel sera le résultat final de la retraite, résultat que Jésus attend et appelle de tous ses vœux. Comblées de ses bienfaits, vous vous déciderez à le faire régner en vous plus que jamais.

Il est raconté que Jéhu avait été sacré par un prophète du Seigneur. Quand ses serviteurs en eurent connaissance, ils se dépouillèrent de leurs manteaux, ils en firent une sorte de trône, et, y plaçant leur maître, ils sonnèrent de la trompette et s'écrièrent : Jéhu est roi !

A la clôture de la retraite, instruites par Jésus, guéries par Jésus, nourries par Jésus, de votre intelligence, de votre volonté, de votre cœur vous formerez

un trône, vous y ferez asseoir Jésus et le proclamerez
à tout jamais le roi de vos âmes.

Antiochus IV, roi de Syrie, s'était emparé de l'Égypte
sous Ptolémée VI Philométor. Le monarque dépouillé
eut recours à la puissance romaine. Popilius Lænas
fut envoyé comme ambassadeur. Antiochus demandait
un délai. Popilius, traçant un cercle autour du monarque : « Il faut, lui dit-il, que vous rendiez réponse au
sénat romain avant de sortir de ce cercle. » Le monarque obéit. La retraite m'apparaît comme un cercle,
cercle de grâces, cercle de miséricorde, cercle d'a-
mour, tracé par Dieu autour de chacune de vos âmes.
N'en sortez pas avant d'avoir donné à Dieu qui vous
sollicite une réponse définitive d'amour.

XXV

L'ŒUVRE DE LA SAINTE-ENFANCE

Mes chères Enfants,

Nous associer à Dieu dans son action la plus chère
et la plus importante, procurer aux âmes le plus
grand bien, assurer notre propre salut, et tout cela
par un moyen simple et facile, voilà les avantages, je
dirais même, les gloires de l'*Œuvre de la Sainte-
Enfance.*

Que le Seigneur m'accorde la grâce de vous faire
bien entendre ces choses !

Lorsque Dieu, sortant de son éternel repos, se
décidait à créer le monde, croyez-vous qu'il voulait
seulement dérouler le firmament comme une immense
voûte d'azur, allumer dans l'espace le soleil, la lune
et les étoiles, semblables à d'éclatants flambeaux ?
Croyez-vous qu'il se proposait seulement d'étendre sur
la terre un tapis de verdure et de fleurs, de dresser

les montagnes comme de gigantesques colonnes, de creuser la prison où l'océan parfois frémit avec la fureur d'un captif, ou dort parfois avec la docilité d'un enfant ? Croyez-vous que son unique but était de peupler d'êtres vivants les plaines de l'air, les eaux et les campagnes ?

Oh ! non. Dieu poursuivait un plus noble dessein, il avait une ambition et plus haute et plus bienfaisante. Par delà les mondes matériels, il entrevoyait les mondes spirituels ; par delà le temps, il entrevoyait l'éternité bienheureuse à laquelle il appellerait les êtres intelligents et libres qu'il créerait.

Mais le péché étend sa grande ombre sur les félicités du paradis terrestre. L'homme a fermé les yeux pour ne pas voir son Créateur, les oreilles pour ne pas l'entendre, les lèvres pour ne pas lui répondre. Il a déjoué le plan divin. Dieu reprend ce plan en sous-œuvre. Même il sera plus admirable dans la Rédemption que dans la Création.

Voici le Fils de Dieu sur la terre. « Il naît pauvre dans une crèche ; une nuit d'hiver entend ses premiers gémissements ; la fuite du proscrit est son premier voyage ; dans un obscur atelier il médite ce drame horrible et touchant que nous appelons sa Passion. Il entre dans sa vie publique, il sème partout les bienfaits, et il ne recueille que des contradictions, des mépris. Son âme s'ouvre, gouffre immense, où tombent, comme des torrents, les tristesses mortelles, le dégoût et l'épouvante, au souvenir des crimes du passé et des forfaits de l'avenir. Il s'affaisse,

il est aux portes de la mort, et une voix d'en haut lui
crie : « Va toujours ! » Il se relève, on le saisit, on le
pousse comme un malfaiteur devant ses juges, on
l'injurie, on le soufflette, on lui crache au visage ; les
verges déchirent son corps adorable, la couronne
d'épines pénètre jusqu'à son crâne, ses yeux sont
aveuglés. Mais pas de pitié pour ses douleurs, pas
d'attendrissement devant sa douceur d'agneau. On le
couvre d'un lambeau de pourpre, on se moque de sa
royale majesté, on le conduit à travers les rues
comme un insensé. La croix s'enfonce dans ses épaules meurtries, il la porte en chancelant, il marche, il
monte, il arrive. C'est le Calvaire ! Maintenant, ô Fils
de Dieu, couche-toi sur la croix, donne tes pieds,
donne tes mains, qu'on les perce de clous ! C'est fait !
La voilà dressée entre le ciel et la terre cette adorable
Victime (1). » O mon Jésus, pourquoi ces abaissements
sans nom ? Pourquoi ces souffrances inouïes ? Vous me
répondez, comme vous le disiez autrefois aux Juifs :
« Le Fils de l'homme est venu sauver ce qui était
perdu, » *venit Filius hominis salvum facere quod per-
ierat.* Et l'Eglise, reconnaissante, chante dans son
Symbole : *Propter nos homines et propter nostram
salutem,* c'est pour nous, créatures humaines, et
pour notre salut qu'il est descendu des cieux, qu'il
s'est fait homme, qu'il a souffert, qu'il a été crucifié,
qu'il est mort.

Le Christ est ressuscité, Alleluia ! Il est monté aux
cieux. Auparavant il a fondé son Eglise pour conti-

(1) Père Monsabré.

nuer son œuvre ici-bas jusqu'à la consommation des siècles. Au sommet, il a posé un chef, son représentant qu'il a fait dépositaire de son enseignement infaillible et de sa souveraine autorité.

Au bas, il a placé les fidèles réunis entre eux par le triple lien de la croyance aux mêmes vérités, de la soumission aux mêmes pasteurs, de la participation aux mêmes biens spirituels.

Entre les fidèles et le Pape, il a établi les évêques et les prêtres, tous chargés, dans une mesure plus ou moins grande, de gouverner, d'instruire, et de distribuer les trésors de la grâce dont ils sont dépositaires.

Et quels admirables trésors !

A peine la vie commence-t-elle, l'Eglise s'approche de l'enfant qui vient de naître, elle le débarrasse du fardeau du péché originel, elle lui donne des protecteurs au ciel, elle lui met au cœur de nobles désirs, de sublimes aspirations, en faisant passer en son âme quelque chose de la vie divine par le Baptême.

Cette vie divine a besoin d'être entretenue comme la vie humaine. Les forces de l'homme voyageur s'usent dans cette marche incessante, dans ces efforts journaliers. L'Eglise a un aliment divin à lui offrir, le Pain descendu des cieux et qui donne la vie au monde, le sacrement de l'Eucharistie où Jésus-Christ s'unit étroitement à nous pour retremper nos forces.

Dans ce voyage l'homme est exposé à rencontrer bien des ennemis. C'est le démon, voleur de grand

chemin, qui se jette sur les âmes afin de les dépouiller et de les assassiner. C'est le monde, c'est-à-
dire, au sens évangélique, les maximes perverses qui
tendent à fausser les idées et à entraîner les cœurs.
Ce sont les passions déchaînées dans l'humanité depuis que le frein qui les retenait captives au commencement s'est brisé par la chute originelle.

Contre ces ennemis la Confirmation vient fortifier
l'homme, l'arme de pied en cap. Qu'il marche donc
maintenant et qu'il combatte !

Au milieu de ces combats qui se renouvellent
chaque jour, l'homme a-t-il reçu quelques blessures:
l'Eglise s'en approche, guérit toutes ses langueurs,
cicatrise toutes ses plaies et le relève par ces conso·
lantes paroles : Allez en paix et réparez cet échec
par de nouveaux triomphes.

Si le chrétien est destiné à vivre au milieu du
monde, et à cheminer vers l'éternelle patrie à la tête
d'une famille, l'Eglise attire la grâce sur son union.

S'il est appelé à consacrer son cœur sans partage
à Dieu et au bien spirituel de ses frères, s'il a entendu
cette voix céleste qui lui dit: « Quitte tout, suis-moi, »
l'Église, par l'onction sainte, dispose ses mains aux
combats du Seigneur.

Enfin, prêtre ou simple fidèle, le chrétien arrive au
terme de sa carrière ; ses forces faiblissent, mais
l'Eglise veille près de lui, comme une tendre mère ;
elle oint l'athlète qui semble terrassé et l'arme pour
le dernier combat.

Pourquoi l'Eglise? Pourquoi son admirable hiérarchie ? Pourquoi les trésors de grâce dont elle est la dépositaire et qu'elle distribue ? Comme la Création, comme l'Incarnation, l'Église a pour but de faire des élus, de conduire les âmes à leurs immortelles destinées, de les mettre en possession de Dieu, ce bien si parfait que meilleur ne peut être.

Sur la terre, l'esprit cherche la vérité, c'est son plus cher besoin, il l'appelle comme l'œil appelle la lumière. Mais la vérité ne lui arrive guère que comme le rayon au prisonnier à travers les barreaux de son cachot. Au ciel nous verrons Dieu face à face, et, dans sa lumière, nous verrons la lumière.

Sur la terre, notre cœur a soif de bonheur et d'amour, mais il n'est jamais complètement satisfait. Entendez un poète :

> Là jamais entière allégresse,
> L'âme y souffre de ses plaisirs,
> Les cris de joie ont leur tristesse
> Et les voluptés leurs soupirs.

Au ciel l'âme possédera Dieu, et, avec Dieu, tous les biens qu'elle peut souhaiter.

Sur la terre, la volonté est toujours chancelante dans le bien ; à chaque instant elle est exposée à offenser Dieu : de là son continuel tourment. Au ciel la volonté sera librement enracinée dans le bien et pour toujours.

O mon Dieu, je comprends que vous paraissiez vous absorber dans une telle œuvre ; que conduire les âmes à un si grand bien soit le but de tous vos actes. Mais moi, faible enfant, comment vous aiderai-je dans une œuvre semblable ? Il faut, du moins, que ce soit par un moyen simple et facile.

Ce moyen, mes chères Enfants, est l'OEuvre admirable de la Sainte-Enfance.

Tandis que, dans nos contrées chrétiennes, le nouveau-né repose mollement dans son berceau, sous le regard affectueux d'une mère, en Chine de pauvres petits êtres sont jetés sur le dur pavé des rues, écrasés sous les pieds des chevaux, dévorés par des animaux immondes, précipités dans l'eau des fleuves. Je n'invente rien. Tous nos missionnaires l'écrivent, et, si l'on craint qu'il n'y ait de l'exagération dans leurs récits, qu'on lise le célèbre navigateur Dumont-d'Urville : « L'une des occupations de la police de Pékin est de ramasser chaque matin les enfants que l'on a jetés pendant la nuit. On entasse les victimes dans des charrettes, et on les porte pêle-mêle, vivants ou morts, dans une voirie située hors de la ville. Quelques auteurs ont porté à trente mille le nombre des infanticides commis dans une année, d'autres l'ont réduit à dix mille. Ceux qui logent sur les fleuves les abandonnent au courant après leur avoir attaché au cou une calebasse qui leur tient la tête hors de l'eau. Il n'est pas rare de voir flotter ainsi les cadavres d'enfants, et les bateaux qui passent n'y accordent pas plus d'attention qu'ils ne feraient pour un chien mort. »

Ces enfants sont à tout jamais privés du bonheur de voir Dieu, car la parole de Jésus-Christ est formelle : « Si on ne prend une seconde naissance dans l'eau et dans le Saint-Esprit, on n'entrera pas dans le royaume des cieux. »

Cet immense malheur a ému le cœur d'un saint évêque, Mgr de Forbin-Janson. En faveur des enfants de la Chine et des autres pays infidèles, il a fait appel au zèle des enfants chrétiens, et, chose admirable ! chaque année trois à quatre cent mille enfants, à l'article de la mort, reçoivent le saint Baptême et vont peupler le ciel. D'autres, recueillis dans des orphelinats et des écoles, sont élevés dans la religion catholique.

Sans doute, ce sont de zélés missionnaires, de pieuses sœurs de charité qui vont dans ces contrées lointaines, qui baptisent ces enfants, les nourrissent, les élèvent ; mais tous ces bienfaits, c'est vous qui les procurez, car c'est votre petite aumône de cinq centimes par mois qui paie les dépenses nécessitées par ces œuvres, c'est votre *Ave Maria* suivi de l'invocation : « Vierge Marie, priez pour nous et pour les pauvres petits enfants infidèles, » qui soutient l'ardeur des missionnaires et attire sur leurs travaux les bénédictions du ciel. Vous demeurez sur le rivage tranquille de la famille ; mais votre aumône, mais votre prière vont dire aux missionnaires et aux religieuses, comme autrefois la fille de Pharaon à ses compagnes, d'aller sauver les petits Moïses, qui, sans cela, périraient pour le temps et pour l'éternité.

Vous avez donc, toutes petites que vous êtes, votre part et votre large part dans cette œuvre du salut des âmes ; vous leur procurez donc le plus grand et le plus désirable de tous les biens. Vous exercez ainsi un véritable apostolat.

A cette gloire vient se joindre un immense avantage pour votre âme. Je veux vous le signaler.

Est-ce que notre grande préoccupation, notre gros souci ne doit pas être le salut de notre âme ? Que servirait de gagner le monde entier si nous venions à perdre notre âme ?

> Tout le reste est amusement,
> Tout n'est que pure bagatelle.

Qu'un homme ait perdu la santé, il peut espérer qu'à force de remèdes et de bons soins, il la recouvrera. Qu'un négociant se soit ruiné, il peut espérer, par son travail, par l'ordre, par l'économie, refaire sa fortune. Le salut perdu est perdu à jamais : il ne reste aucun espoir.

Et dire que nous ne pouvons nous soustraire à cette affaire ! Il faut qu'elle soit faite, que nous le voulions ou que nous ne le voulions pas ; il faut qu'elle soit faite, bien ou mal, mais il faut qu'elle soit faite, qu'elle soit gagnée ou qu'elle soit perdue. Nous pouvions ne pas naître et rester à tout jamais dans le néant, mais, du moment où nous sommes venus au monde, il faut, bon gré mal gré, que nous nous sauvions ou que nous nous damnions, que nous soyons des élus ou bien des réprouvés, que nous ayons en partage et pour l'éternité, ou le ciel ou l'enfer.

Eh bien ! voici un petit secret. Pour assurer le salut de notre âme, travaillons à donner une âme à

Dieu. Si nous plaçons une âme dans le ciel, nous avons lieu d'espérer que Dieu y placera la nôtre. Que sera-ce si nous en plaçons plusieurs !

Or, c'est là précisément, comme nous venons de le voir, le but de l'Œuvre de la Sainte-Enfance : procurer à des enfants la grâce du baptême, sans laquelle ils n'entreraient pas au ciel ; et de ces petits enfants ainsi baptisés, il en part par troupe pour le paradis.

Donnez donc volontiers votre cotisation pour cette Œuvre touchante, dussiez-vous vous imposer pour cela quelques sacrifices, et vous pourrez dire à Dieu avec assurance : Mon Dieu, vous avez dit dans vos Écritures : Âme pour âme. Eh bien ! je vous prends au mot. Je veux, en faisant partie de l'Œuvre de la Sainte-Enfance, placer des âmes dans le ciel afin qu'un jour vous y placiez la mienne.

XXVI

LE SCAPULAIRE (1)

———

Mes chères Enfants,

Je ne vous dirai pas ce qu'est le Scapulaire de Notre-Dame du Mont-Carmel. Vous savez que c'est un objet de piété composé de deux morceaux d'étoffe de laine brune ou noire réunis par des cordons et qu'on porte en l'honneur de la sainte Vierge. Mais je voudrais vous faire remarquer que le Scapulaire, qui est en apparence de si mince valeur, mérite notre estime sous plus d'un rapport.

Son *origine* le rend recommandable.

Quand une pratique de piété a été établie par un grand saint ou une sainte illustre, on l'estime, on y attache de l'importance. Le Scapulaire nous vient de la Reine des saints, de Marie elle-même.

On était au xiiie siècle. Les Carmes, persécutés par les Sarrasins, avaient abandonné presque tous le

(1) *Faveurs obtenues et l'enfer évité par le scapulaire.* 1 vo in-18, 0 fr. 50. Librairie religieuse H. Oudin.

mont Carmel et les lieux voisins de la Palestine, et étaient venus en Europe où ils cherchaient à s'établir. Ils avaient rencontré de nombreux et puissants obstacles, et ils se voyaient presque sur le penchant de leur ruine, lorsque saint Simon Stock, Carme anglais, Général de l'Ordre, eut recours à la sainte Vierge et la conjura de lui donner un signe sensible de sa protection, un privilège spécial qui pût servir de bouclier à tout le Carmel contre ceux qui oseraient l'attaquer. Marie lui apparut et lui donna le Scapulaire comme une distinction de l'Ordre du Carmel et le gage de sa protection.

Recommandable par son origine, le Scapulaire l'est encore par les *promesses* qui y sont attachées.

Deux promesses surtout ont été faites par la sainte Vierge au bienheureux Simon Stock. La première, c'est que le Scapulaire nous assurera une protection puissante dans les dangers qui pourraient menacer notre âme ou notre corps. « Reçois, a dit Marie, reçois le Scapulaire, désormais le signe de ma confrérie : c'est une sauvegarde dans les dangers. »

Et Dieu sait si nous en avons besoin ! Nous sommes ici-bas en pays ennemi ; le démon nous presse à gauche, à droite, devant, derrière, de toutes parts. Chaque objet peut lui servir d'embuscade. Mais Marie est la Vierge puissante, comme le chante l'Église ; elle est la Tour inexpugnable d'où nous pourrons déjouer les ruses du démon ; elle est l'Arche où nous échapperons au déluge qui menace de nous engloutir.

La seconde promesse est celle d'une bonne mort.

Marie obtiendra donc les grâces nécessaires pour la persévérance ou pour la conversion, si elle est nécessaire à l'heure dernière. « Quiconque mourra dans ce saint habit ne souffrira pas les flammes éternelles... C'est le signe du salut. »

J'ai lu qu'un homme émigra d'Angleterre en Amérique. Il ne tarda pas à se faire naturaliser et d'Anglais devint Américain. Après quelques années, mécontent de l'état de ses affaires, il partit pour Cuba où une guerre civile éclata bientôt après son arrivée. C'était en 1867. Cet homme fut arrêté comme espion par les ordres du gouvernement espagnol. Il fut jugé en cour martiale et condamné à mort. Le procès fut fait en espagnol, en sorte que le malheureux fut condamné sans même savoir pourquoi. Quand on lui communiqua la sentence, il fit appeler les consuls anglais et américains, et leur exposa sa situation. Ils examinèrent la chose et découvrirent que cet homme, condamné par les officiers espagnols, était parfaitement innocent. Ils allèrent au général espagnol et lui dirent : « Cet homme n'a rien fait, mettez-le en liberté. » Mais le général répondit : « Il a été jugé d'après nos lois et reconnu coupable, il faut qu'il meure. » Il n'y avait pas alors, comme aujourd'hui, de câble télégraphique, et ces consuls ne pouvaient en appeler à leurs gouvernements respectifs.

Le matin de l'exécution arriva. Le condamné sortit de la prison, assis sur son propre cercueil traîné dans une charrette. On creusa une fosse, on tira le cercueil, on plaça le jeune homme auprès, et on lui banda les yeux. Les soldats n'attendaient plus que le signal de faire feu. Mais à ce moment les consuls arrivèrent ensemble. Le consul anglais tira de la voiture le « Union Jack », le drapeau britannique, et en entoura le condamné, et le consul américain en fit autant avec le pavillon étoilé, le drapeau de son pays ; puis, se tournant vers les officiers espagnols, ils leur dirent : « Tirez sur ces drapeaux si vous l'osez. » Ils ne l'osèrent pas. Il y avait deux grandes nations derrière ces drapeaux.

Le drapeau de Marie sur moi est mon Scapulaire. Arrière donc les ennemis de mon salut ! Arrière la mort éternelle ! Ce drapeau est mon plus sûr rempart, ma plus entière sauvegarde... La Vierge est derrière lui.

A ces deux promesses, si précieuses déjà, est venue s'en joindre une autre, celle d'être délivré des flammes du purgatoire le samedi qui suivra la mort. C'est ce qu'on appelle le privilège sabbatin.

Le souverain pontife Jean XXII fut favorisé d'une apparition de la sainte Vierge; et voici quelques-unes des paroles qui lui furent dites : « Si parmi les religieux et les confrères du Carmel qui quitteront le siècle présent, il s'en trouve qui entrent dans le purgatoire à cause de leurs péchés, je descendrai, comme leur tendre mère, au milieu d'eux, le samedi après leur mort; je les délivrerai et je les ramènerai sur la montagne sainte dans le séjour heureux de la vie éternelle. »

Le pape Jean XXII donna, à ce sujet, une bulle

qui fut publiée de nouveau par Alexandre V en 1409. Un siècle après, Clément VII renouvela les bulles de Jean XXII et d'Alexandre V, qui furent confirmées par plusieurs autres papes et en particulier par Paul V. Ce dernier, à l'occasion de quelques contestations qui s'étaient élevées, termina la controverse par le décret suivant : « Il est permis aux Carmes de publier, dans leurs prédications, que le peuple chrétien peut croire pieusement, au sujet du soulagement des âmes des confrères décédés dans la charité, que la sainte Vierge aidera de son intercession, de ses suffrages, de ses mérites et de sa protection spéciale, après leur mort, et principalement le samedi, jour qui lui est consacré, les confrères qui auraient porté le Scapulaire pendant leur vie. »

À son tour, l'Eglise a ouvert ses trésors et a accordé de précieuses *faveurs*.

En voici le sommaire :

Indulgences plénières : Le jour de la réception du Scapulaire. — Le 16 juillet, jour de la fête de Notre-Dame du Mont-Carmel. — A l'article de la mort. — Une fois par mois.

Indulgences partielles fort nombreuses : cinq ans et cinq quarantaines pour ceux qui communient une fois par mois. — Trois cents jours toutes les fois qu'on s'abstiendra de faire gras les mercredis et les samedis non prescrits par l'Eglise. — Cent jours pour ceux qui récitent l'Office de la sainte Vierge. — Trois ans et trois quarantaines chaque fois que l'on communie à une fête, quelle qu'elle soit, de la sainte Vierge. —

Cinq ans et cinq quarantaines quand on accompagne
e saint Viatique un flambeau à la main. — Cent jours
si on accompagne au cimetière le corps des défunts.
— Cent jours pour toute œuvre de charité, de piété et
de dévotion, quelle qu'elle soit.

Toutes ces indulgences sont applicables aux âmes
du purgatoire.

De plus, grâce au Scapulaire, on entre dans une
sainte association avec l'Ordre des Carmes, lequel,
comme vous le savez, se compose de deux corps, les
Carmes et les Carmélites, tous deux également fer-
vents; on participe à leurs mérites. On participe aussi
aux mérites et aux bonnes œuvres de tous les membres de la Confrérie. Vous voyez quelles richesses
spirituelles on peut acquérir. Vous voyez dans quel
courant de grâces on se trouve placé.

Ajoutez que, pour participer à ces précieuses
faveurs, les *conditions* sont des plus simples.

1° S'il s'agit de s'assurer la protection de Marie et
la grâce d'une bonne mort, il suffit d'avoir reçu le
Scapulaire selon les formes prescrites et de le porter
toujours. On le reçoit des mains d'un religieux Carme
ou d'un prêtre ayant obtenu les mêmes pouvoirs.

Ce Scapulaire doit être en laine, d'une couleur
noire, ou brune; ses deux parties sont unies par un
cordon de fil ou de coton, de soie ou de laine, à la
volonté de chacun. L'image peinte ou imprimée de la
sainte Vierge, qui est cousue ordinairement sur le
Scapulaire, n'est pas nécessaire. Le Scapulaire simple
et sans image suffit.

Il faut porter le Scapulaire jour et nuit, en maladie comme en santé. Si on le quitte par oubli ou par négligence, on doit le reprendre au plus tôt. On peut cependant le laisser sans crainte pour un moment, par exemple, pour le faire raccommoder, ou bien quand on prend un bain.

On doit porter le Scapulaire les cordons appuyés sur les épaules, de manière qu'une partie tombe sur les épaules et l'autre partie sur le dos.

Quand le Scapulaire est hors d'usage, ou s'il vient à s'égarer, on peut en prendre un autre, même non bénit.

Donc aucun jeûne, aucune prière spéciale; il n'est même pas de rigueur d'être inscrit au registre de la Confrérie.

2° S'il s'agit d'avoir part aux mérites de l'Ordre des Carmes et à ceux des membres de la Confrérie, il faut ajouter aux deux conditions déjà dites l'état de grâce. Tant qu'on est dans le péché mortel, on ne peut rien faire de méritoire pour le ciel; on ne peut non plus participer à aucun mérite.

3° Si l'on veut gagner les indulgences, plénières ou partielles, aux trois conditions susdites, on doit joindre l'accomplissement des œuvres prescrites.

4° Enfin, pour s'assurer le privilège sabbatin, il faut, non seulement avoir reçu le Scapulaire et le porter, mais encore éviter les fautes contre la pureté. Si on avait le malheur d'offenser Dieu sous ce rapport, il faudrait s'en repentir et travailler à se corriger. Il faut en outre réciter tous les jours le petit Office de la sainte Vierge. En cas d'impossibilité ou de très grande difficulté, on fait remplacer cet Office par autre chose. Si on ne sait pas lire, on supplée à la récitation de l'Office par l'exacte observance des jeûnes de l'Église et l'abstinence des aliments gras tous les mercredis, outre les vendredis et samedis. Ici encore, en cas d'impossibilité ou de grande difficulté, on fait commuer cette obligation en une autre, par les religieux ou les confesseurs qui ont obtenu ce pouvoir.

Il me vient une pensée, et je veux vous la dire avant de terminer notre entretien, c'est que le Scapulaire est un excellent prédicateur. Heureux ceux qui savent prêter l'oreille à sa voix et le comprendre !

Ainsi, le Scapulaire est d'une couleur sombre. C'est le symbole de la mortification et de la souffrance. Toute la vie du Christ a été une croix et un martyre continuel : il est l'homme de douleurs, celui qui sait ce que c'est que souffrir. Marie a connu le même martyre : sept glaives ont transpercé son âme; c'est la Mère des douleurs, c'est la Reine des martyrs; et nous, ses enfants, nous porteurs de sa livrée sainte, nous nous laisserions aller au murmure quand Dieu nous éprouve, nous ne saurions pas nous imposer une mortification, un sacrifice !

Le Scapulaire doit être en laine, et par là nous prêche la douceur. La brebis se laisse enlever sa toison sans résistance. Le Scapulaire nous dit donc chaque jour : Apprenez à être doux.

Le Scapulaire se porte sous les autres vêtements et

nous enseigne l'humilité qui ne cherche pas à paraître, fuit les regards humains et se contente des regards de Dieu.

Enfin le Scapulaire, comme l'indique son nom, repose sur les épaules, en latin *scapulæ*, et doit être porté toujours. Emblème du joug de Dieu que le chrétien ne doit jamais abandonner. Le Scapulaire nous dit : De même que vous devez me porter constamment sur les épaules, portez constamment le joug de Dieu dont je suis le symbole.

N'est-ce pas là un langage facile à comprendre ? Chaque matin et chaque soir, en déposant un baiser sur votre Scapulaire, écoutez la voix de ce petit prédicateur, qui vous prêchera la mortification, la douceur, l'humilité, la fidélité à Dieu.

J'ai entendu raconter que le général Grant, qui s'est couvert de gloire pendant la guerre de Sécession, était sorti un soir pour s'assurer si les troupes qu'il avait postées autour d'une ville étaient bien dans leur position. Enveloppé d'un grand manteau qui lui cachait une partie du visage et monté sur son cheval, il allait. Une femme, qui le reconnut, lui dit, en lui montrant la ville assiégée : « Général, resterez-vous là longtemps ? » Grant lui répondit avec la brusquerie assez ordinaire aux militaires : « S'il le faut, nous y resterons trente ans, mais la ville se rendra. » Il ne resta pas trente ans, et la ville se rendit.

Pour vous, bien chères Enfants, portez votre Scapulaire, aujourd'hui, demain, trente ans, soixante ans, s'il le faut ; portez-le jusqu'à votre dernier soupir, et la ville se rendra. La Jérusalem céleste, que Jésus a comparée à une ville forte, qu'il faut prendre d'assaut, deviendra votre conquête pour l'éternité. Amen.

XXVII

LA CONGRÉGATION DES ENFANTS DE MARIE

Mes chères Enfants,

Dans tous les Pensionnats religieux on a la louable habitude d'ériger la Congrégation des Enfants de Marie. J'ai le dessein de vous en parler aujourd'hui, afin que celles d'entre vous qui en font partie se réjouissent de cette faveur, et que les autres éprouvent un ardent désir d'être bientôt jugées dignes d'y être admises.

L'œuvre des Enfants de Marie est respectable par son *institution*.

Vous avez pu lire dans certains manuels que cette œuvre devait sa création à un pieux Jésuite et qu'elle remontait à deux ou trois siècles. Pour moi, je crois que l'on se trompe. Je crois que cette association a une origine plus ancienne et plus élevée. C'est Jésus-Christ lui-même qui en a conçu la pensée et qui l'a réalisée. Et il l'a fait à un moment où tout emprunte à la mort qui approche un caractère solennel; à un moment où le cœur qui va cesser de battre donne ce qu'il a de plus intime et de meilleur. La croix était dressée. Le Sauveur, sur le point de rendre le dernier soupir, se tourna vers sa mère et lui dit, en lui désignant saint Jean: « Voilà votre enfant, » et, s'adressant à l'Apôtre : « Mon fils, voilà votre mère. » Et l'Évangile, qui raconte ces divines choses, ajoute qu'à partir de cette heure saint Jean reçut Marie pour sa mère.

Saint Jean me semble donc, à juste titre, être le premier Enfant de Marie, son premier enfant adoptif. Il recevait ainsi une récompense de sa virginité conservée, comme aussi le prix de son dévouement, de son courage à suivre Jésus-Christ jusqu'au sommet du Calvaire. Également dans les Pensionnats, le titre d'Enfant de Marie n'est-il pas d'ordinaire la récompense d'efforts soutenus, de bons exemples donnés, de vertus pratiquées ?

L'œuvre des Enfants de Marie est glorieuse par ses *prérogatives*.

Le Pensionnat où vous êtes élevées, mes chères Enfants, m'apparaît comme un charmant petit royaume. Là fonctionne, pour votre bien, tout un ministère régulièrement organisé, et dont chaque membre a ses attributions. Vos maîtresses sont les ministres de l'instruction et... de la justice. Votre excellente Supérieure a le portefeuille de l'intérieur, voire même des affaires étrangères. L'aumônier est le ministre des cultes. Vous êtes les heureux sujets.

Or qui dit royaume dit État gouverné par un roi. Quel est votre roi? Pas d'autre que le grand monarque qui règne dans les cieux et de qui dépendent tous les empires; celui qui vous a créées, celui qui vous a rachetées au prix de tout son sang versé, celui qui vous comble tous les jours de ses bienfaits, Notre-Seigneur Jésus-Christ.

Comme tout roi, Jésus-Christ a des droits, et, parce qu'il est roi par excellence, il a des droits auxquels les autres ne pourront jamais prétendre.

Il a droit de régner sur notre intelligence. On peut discuter la parole d'un homme, on ne discute pas la parole de Dieu. Jésus, qui a parlé, entend être cru sans hésitation, il veut régner en maître sur l'esprit par la foi : « Qui ne croira pas sera condamné. »

L'intelligence ne lui suffit pas, il veut le cœur. Ce qu'aucun monarque n'avait osé dire, il le dit : « Vous m'aimerez. » Et encore ne se contente-t-il pas d'un amour tel quel : « Vous m'aimerez de tout votre cœur, de toute votre âme, de toutes vos forces. »

Roi de l'intelligence par la foi, du cœur par l'amour, Jésus veut encore être le roi de la volonté et de l'être tout entier par l'imitation : « Je vous ai donné l'exemple afin que vous fassiez comme j'ai fait. » Regardez donc et agissez selon l'exemplaire qui a été placé sous vos yeux.

Dans tout royaume il y a un code de lois auquel chaque sujet est obligé de se soumettre et d'après lequel il est jugé. Votre code, mes Enfants, c'est bien tout d'abord le Décalogue, mais c'est aussi, et plus particulièrement, le règlement du Pensionnat ; il a reçu l'approbation de Jésus-Christ, et vous y soumettre, c'est vous soumettre à Jésus-Christ lui-même.

Le roi a son palais. Tout ici est à Jésus. Cependant la chapelle est plus spécialement sa demeure, le tabernacle est le trône où il réside, et ce palais, n'eût-il pas l'éclat et la richesse qu'on pourrait désirer, sa simplicité ne devrait nuire ni à la vivacité de votre foi, ni à l'ardeur de votre amour.

Or, et c'est là que je voulais en venir, quand un prince veut récompenser un sujet dont il a à se louer, il ne saurait guère lui donner quelque chose de mieux que des lettres de noblesse, l'élever par là au-dessus des autres, le placer dans un rang intermédiaire entre la majesté royale et le peuple. Ceux qui sont honorés de ces lettres de noblesse composent l'aristocratie de l'État.

Le titre d'Enfant de Marie est un véritable titre de noblesse, et celles qui en sont honorées forment l'aristocratie du Pensionnat.

A côté de Jésus-Christ, cette puissance sans rivale, à droite de ce roi, David nous montre une reine assise, vêtue d'or et ornée avec une riche variété. Saint Jean nous la représente avec une couronne d'étoiles et ayant la lune pour escabeau. Et quand je demande quelle est cette reine, tous les commentateurs s'accordent à vous nommer, ô Marie.

Vous ferai-je remarquer, en passant, combien ici, comme partout dans notre sainte Religion, tout est en harmonie avec les besoins du cœur humain ? Dieu est bon, qui en doute ? La création nous le disait, elle nous apportait dans tous ses spectacles et dans toutes ses brises la preuve irréfutable de la bonté divine. Ce langage était devenu inintelligible pour plusieurs. Alors le Fils de Dieu est venu chez nous le dire dans l'intimité, puis il l'a écrit sur le Calvaire avec son sang, et puis il nous a laissé les sacrements, surtout le sacrement adorable de l'Eucharistie, pour nous le rappeler tous les jours. Mais, avec le sceptre de la bonté, comme tout souverain, Dieu porte le sceptre de la justice ; il jugera et rendra à chacun selon ses œuvres. Cela fait peur... Dieu nous donne Marie qui n'aura que le sceptre de la miséricorde. Aussi voyez, de tous les sentiers de la vie, comme on accourt vers elle ! Comme les pauvres âmes dont le pied avait glissé et dont le cœur semblait fermé à toute espérance sentent leur courage se ranimer au seul nom de Marie et la saluent : O Mère de miséricorde, notre vie, notre douceur, notre espérance, salut !

D'ailleurs qui, mieux que Marie, méritait ce titre ? Par les privilèges dont elle a été favorisée et par ses mérites, elle est la plus élevée des créatures, elle les surpasse toutes ; elle est le chef-d'œuvre des mains de Dieu.

Pour la puissance, elle ne connaît pas de rivale. Toute la tradition a redit à l'envi son pouvoir : Jésus ne lui refuse rien. — Dieu rougirait de lui refuser quelque chose... — Tout ce que Dieu peut, Marie l'obtient par sa prière. — Elle est la Toute-Puissance à genoux... — On n'eut jamais recours à Marie sans être exaucé.

Elle est reine des Pensionnats parce qu'elle y est chérie et qu'elle partage la tendre prédilection de Jésus pour la jeunesse.

Une reine a des dames d'honneur. Choisies parmi les plus distinguées, elles se tiennent près de leur souveraine, lui rendent quelques services et reçoivent en retour les plus signalées faveurs.

En suivant cet ordre d'idées, je me représente qu'être Enfant de Marie c'est être admise au nombre des dames d'honneur de la Reine du ciel et du Pensionnat. N'est-ce pas glorieux ?

Que dis-je ? Enfants de Marie, vous composez plus particulièrement la famille de la très sainte Vierge, et, si l'on est fier d'avoir une mère élevée en dignité, qu'est-ce donc quand cette mère est la Mère de Dieu, la reine des anges et des saints, la souveraine du ciel et de la terre !

Si digne de respect par son origine, si glorieuse par ses prérogatives, la Congrégation des Enfants de Marie est d'une utilité incontestable dans ses *résultats*.

Vous dirai-je qu'on trouve dans cette association, quoique à un degré différent, les avantages qu'offre la vie religieuse ; que la congréganiste pieuse vit plus purement, — tombe plus rarement et moins grièvement, — qu'elle se relève plus aisément, — marche dans la vie plus soigneusement, — repose plus tranquillement, — reçoit des grâces plus abondamment, — évite le purgatoire plus facilement, — meurt plus paisiblement, — est couronnée au ciel plus glorieusement ?

J'aime mieux vous rappeler que l'Enfant de Marie a droit à une protection toute particulière de la très sainte Vierge.

Marie est le secours de tous les chrétiens, comme le chante l'Eglise, *auxilium christianorum*. Elle est le refuge de tous les pécheurs, quels qu'ils soient, *refugium peccatorum*. Pour toutes les âmes pures, elle est la porte du ciel, *janua cœli*. Mais elle est plus spécialement le secours de la chrétienne qui s'est placée sous sa garde ; elle est le refuge spécial de son enfant dont le pied a glissé dans la fange du péché. Pour elle elle veut être, plus que pour personne, la porte bénie du ciel. De là ce religieux adage qu'ont répété tous les siècles chrétiens : Celui qui a Marie pour lui ne saurait périr.

En outre, la congréganiste a le puissant secours que lui apportent les prières et les bonnes œuvres de autres congréganistes.

De nos jours, on établit presque partout, et on a raison, des sociétés de secours mutuels. Quand un membre de ces sociétés vient à tomber malade, on lui procure les soins dont il a besoin, la visite du médecin, les médicaments nécessaires pour qu'il recouvre la santé. Si le travail lui manque, on lui en procure ou on met à sa disposition une petite somme qui lui permet de vivre en attendant qu'il ait trouvé de l'ouvrage. De là pour l'ouvrier la paix, le calme, en pensant à l'avenir. Il ne s'inquiète plus, il sait qu'il n'est pas seul, qu'il appartient à une grande famille qui ne le délaissera pas.

Au point de vue spirituel, le secours mutuel existe dans la Congrégation des Enfants de Marie. Que de belles âmes de jeunes filles, pures comme des anges, appartiennent à cette association ! Elles prient, elles souffrent, elles travaillent, et leurs travaux, leurs souffrances, leurs prières font le tour du monde et répandent une rosée de grâces sur des sœurs qu'elles ne connaissent pas, mais qui sont Enfants de Marie comme elles.

Les congréganistes s'aident ainsi les unes les autres. Je les comparerai aux hirondelles. « Lorsque le temps est venu pour elles d'aller chercher en d'autres climats la pâture que le Père céleste leur y a préparée, les hirondelles s'assemblent, dit Lamennais; puis, sans se séparer jamais, elles voguent, nautoniers aériens, vers les rivages où elles se reposeront dans la paix et dans l'abondance. Seules, que deviendrait chacune d'elles? pas une n'échapperait aux périls de la route; réunies, elles résistent aux vents; l'aile débile ou fatiguée s'appuie sur une aile moins frêle. Pauvres douces petites créatures que le dernier printemps vit éclore, les plus jeunes, abritées par leurs aînées, atteignent sous leur garde le terme du voyage. »

Pour mieux apprécier, sous ce rapport, les avantages d'une telle œuvre, écoutez encore ce que dit ailleurs le même auteur:

« Un homme voyageait dans la montagne, et il arriva en un lieu où un gros rocher, ayant roulé sur le chemin, le remplissait tout entier, et hors du chemin il n'y avait point d'autre issue, ni à gauche ni à droite.

« Or cet homme, voyant qu'il ne pouvait continuer son voyage à cause du rocher, essaya de le mouvoir pour se faire un passage, et il se fatigua beaucoup à ce travail, et tous ses efforts furent vains.

« Ce que voyant, il s'assit plein de tristesse et dit : Que sera-ce de moi lorsque la nuit viendra et me surprendra dans cette solitude, sans nourriture, sans abri, sans aucune défense, à l'heure où les bêtes féroces sortent pour chercher leur proie?

« Et comme il était absorbé dans cette pensée, un autre voyageur survint, et celui-ci, ayant fait ce qu'avait fait le premier et s'étant trouvé aussi impuissant à remuer le rocher, s'assit en silence et baissa la tête.

« Et après celui-ci, il en vint plusieurs autres, et aucun ne put mouvoir le rocher, et leur crainte à tous était grande.

« Enfin l'un d'eux dit aux autres : Mes frères, prions notre Père qui est dans les cieux : peut-être qu'il aura pitié de nous dans cette détresse.

« Et cette parole fut écoutée, et ils prièrent de cœur le Père qui est dans les cieux.

« Et quand ils eurent prié, celui qui avait dit : Prions, dit encore : Mes frères, ce qu'aucun de vous n'a pu faire seul, qui sait si nous ne le ferons pas tous ensemble?

« Et ils se levèrent, et tous ensemble ils poussèrent le rocher, et le rocher céda, et ils poursuivirent leur route en paix.

« Le voyageur c'est l'homme, le voyage c'est la vie, le rocher ce sont les misères qu'il rencontre à chaque pas sur sa route.

« Aucun homme ne saurait soulever seul ce rocher ; mais Dieu en a mesuré le poids de manière qu'il n'arrête jamais ceux qui voyagent ensemble. »

Ce voyage de la vie ne fait que commencer pour vous, mes Enfants ; à peine en avez-vous franchi une faible distance. Comme la jeune captive dont parle Chénier, vous pouvez dire :

> Mon beau voyage encore est si loin de sa fin !
> Je pars, et des ormeaux qui bordent le chemin
> J'ai passé les premiers à peine.

Ce voyage, vous le ferez. soutenues les unes par les autres et toutes ensemble protégées par la Vierge Marie.

Si la Congrégation des Enfants de Marie donne des prérogatives à celles qui en font partie, elle leur impose aussi des *obligations*.

Nous le disions, le titre d'Enfant de Marie est un titre de noblesse, mais noblesse oblige. Donc les congréganistes doivent composer l'aristocratie du Pensionnat par leurs sentiments, par leurs paroles, par leurs exemples.

Elles seront la légion sacrée sur laquelle les autres élèves n'auront qu'à fixer les regards pour savoir la conduite à tenir.

Elles sont les dames d'honneur de la Reine du ciel, donc elles doivent se montrer dignes de se tenir tout près d'elle.

Surtout elles ne devront pas oublier qu'elles sont ses enfants et qu'elles ont l'obligation de l'aimer plus que les autres et de lui ressembler.

En effet, qui ne connaît, sans l'expliquer, le mystère de ces ressemblances profondes qui reporte sur le front des enfants les sinuosités du visage paternel et maternel, et leur transmet cet air de famille que l'on aime tant à retrouver ?

Ce mystère doit se reproduire dans la Religion. Les Enfants de Marie doivent être des copies vivantes de leur Mère ; leurs âmes doivent, dans une large mesure, porter les traits augustes qui caractérisent Marie. Alors elles seront ses enfants de nom et en réalité ; et un jour Marie, leur ouvrant ses bras, leur dira à chacune : « Venez, ma fille ! » et ce sera pour l'éternité. Ainsi soit-il.

XXVIII

LA DISTRIBUTION DES PRIX

Mes chères Enfants,

A la fin de chaque année scolaire, il est une importante et solennelle cérémonie qui précède votre départ pour les vacances. La grande salle est ornée avec soin, les parents accourent, les amis ont été convoqués, les maîtresses sont présentes, toutes les élèves sont réunies; les physionomies s'animent, la joie et la crainte font battre les cœurs : c'est la distribution des prix.

Que sont donc ces prix pour qu'on mette à leur distribution une telle solennité ? Si je les interrogeais, ne pourraient-ils pas parler, eux qui font tant parler ? Il me semble qu'ils répondraient : Nous sommes la récompense du passé ; nous sommes la gloire et la joie du présent ; nous sommes l'espérance de l'avenir.

Eh bien ! les prix auraient raison, mes chères Enfants ; et ce qu'ils nous diraient ainsi serait un court mais excellent sermon en trois points.

Les prix sont la récompense du passé.

Certes, ce passé n'est pas à dédaigner, tant s'en faut. Même il mérite qu'on l'admire et qu'on y applaudisse. Que de travaux, que de labeurs j'y entrevois ! La Fable nous raconte que les géants, voulant escalader le ciel, entassèrent montagnes sur montagnes : sur Ossa ils mirent Pélion ; sur Pélion ils mirent Olympe. En l'année qui vient de s'écouler, que de problèmes entassés sur des problèmes, que de dictées sur des dictées, que de pages d'histoire sur des pages d'histoire, pour escalader la victorieuse estrade où se distribuent les prix ! Les sentiers que vous parcouriez étaient rudes ; vos pieds se heurtaient à chaque pas, ici contre la grammaire, là contre le calcul, plus loin contre la géographie. Mais vous marchiez, vous marchiez toujours, alertes et vaillantes.

Votre esprit est un champ ; vous l'avez labouré avec courage et patience, vous l'avez ensemencé soigneusement, et voilà que, pour payer vos peines et vos sueurs, il s'est couvert d'une riche moisson.

Vous êtes semblables à l'abeille. Intrépides comme elle, vous avez butiné dans le jardin des études, vous avez puisé les sucs de ces fleurs qui s'appellent l'histoire, l'arithmétique, la grammaire, la cosmographie, et vous avez composé le doux miel de la science.

Le savoir est une citadelle escarpée, et vous l'avez

enlevée d'assaut. C'est un champ de bataille et vous y avez héroïquement combattu. C'est une arène où vous trouviez des concurrentes souvent redoutables, et il a fallu l'emporter sur elles.

Au travail de vos études classiques est venu se joindre un travail plus noble, plus important, et qui, dans un Pensionnat religieux, est toujours placé en première ligne : je veux parler du travail du cœur, du travail de la conscience, du travail de la volonté. Que de mauvais penchants à surmonter ! que de petites passions à vaincre ! que de tentations dont il a fallu triompher !

Voilà le passé que les prix viennent récompenser.

Les prix sont la joie et la gloire du présent.

Je n'essaierai pas de vous l'exprimer parce que toutes mes paroles seraient bien au-dessous des émotions que vous éprouvez quand vous recevez vos prix. Vos noms sont proclamés, aux applaudissements de vos maîtresses, de vos compagnes, d'une assistance nombreuse et sympathique ; vos pères et vos mères vous couronnent et vous embrassent ; la joie inonde vos cœurs, et vous pouvez vous laisser aller à ce sentiment qui est parfaitement légitime. C'est Dieu lui-même qui a voulu qu'un plaisir fût d'ordinaire le fruit de tout devoir accompli. Il y a là comme les arrhes de récompenses meilleures et de joies plus complètes que nous signalent les divines paraboles.

Les ouvriers ont travaillé à la vigne du père de famille ; ils ont porté le poids du jour et de la chaleur; le soir vient : l'économe reçoit l'ordre de les appeler et de leur donner la récompense promise. — Les vierges sages ont veillé; la lampe à la main, elles ont attendu l'époux et l'épouse. A elles les joies du festin des noces. — Le bon serviteur a fait valoir les talents que son maître lui a confiés. Il est loué. « C'est bien, lui est-il dit, c'est très bien, bon et fidèle serviteur. » A lui encore la récompense et la joie : « Je vais vous établir sur de plus grands biens ; entrez dans la joie de votre maître. »

Que de fois, pendant l'année scolaire, vous avez songé à ce moment solennel et joyeux ! Au milieu de tous vos labeurs et de tous vos efforts, la pensée de prix a souvent exercé sur vous une efficace action ; elle a animé vos jeunes courages, elle vous a soutenues dans vos faiblesses, elles vous a relevées dans vos chutes. Combien de fois, sans doute, leur vision charmante est venue, comme un doux rêve, vous récréer durant le sommeil ! Qui n'a connu ces émotions de la vie écolière? La jeune pensionnaire est montée au dortoir. Au milieu du silence qui s'étend partout à la ronde, elle s'est endormie avec la pensée de la composition du lendemain. Tout à coup quel cruel cauchemar ! Sa maîtresse présente le devoir; la pauvre enfant n'y comprend rien, c'est de l'hébreu pour elle; ses idées se troublent, sa poitrine est haletante, ses mains tremblantes peuvent à peine tenir la plume, elle est perdue... Puis l'enfant se calme, elle reprend ses esprits, elle se remet à l'œuvre, les difficultés s'évanouissent, elle est la première de sa classe, et soudain, ô vision ravissante ! les prix lui apparaissent environnés comme d'une auréole d'or ; ils lui sourient, ils l'appellent, ils lui disent : Venez, vous serez couronnée. L'enfant s'éveille toute palpitante encore d'émotion.... C'était un rêve ; aujourd'hui, c'est la réalité

Les prix, qui sont la récompense du passé, la joie du présent, sont encore l'espérance de l'avenir.

Comment cela ? Je m'explique.

Parmi vous, il y a des enfants toutes jeunes et qui, à la fin de leur première année de Pensionnat, à force d'application et de travail, auront su obtenir un prix. Ah ! ce prix, c'est l'espérance, la douce espérance des autres prix, plus nombreux, qui couronneront leurs efforts, les années suivantes. Les jeunes pensionnaires, quand elles sont studieuses, ressemblent aux jeunes arbres qui commencent par ne rapporter qu'un seul fruit, mais qui, après, ont tant de fruits qu'on ne peut les compter. Ne vous y trompez pas, Enfants : les plus beaux prix de la première sont dus souvent à un petit prix de la septième ou de la sixième.

Pour vous, mes chères Enfants, qui êtes plus avancées dans vos études ou même qui touchez à leur fin, vous irez affronter les périls des examens, vous brillerez par la simplicité pleine de charme de votre maintien, par la solidité et l'étendue de votre savoir ; vous prouverez que l'instruction que l'on reçoit dans les Pensionnats religieux est aussi complète que chrétienne, vos parents vous féliciteront, vos compagnes et vos amies vous fêteront, le succès aura couronné vos examens, et cette couronne d'un légitime succès, voilà l'espérance que font naître vos prix.

Puis, plus tard, au milieu de vos familles ou des sociétés avec lesquelles vous serez en relation, vous charmerez par votre langage correct, par votre esprit cultivé, par l'élévation de vos sentiments, vous édifierez par une conduite sérieuse et chrétienne. Cette parole qui charmera, cette instruction variée qui commandera l'admiration, cette conduite ferme et sûre qui ne se démentira jamais, voilà l'espérance que font naître vos prix.

Au milieu de toutes ces joies et de toutes ces espérances, n'oubliez pas, Enfants, de tourner vos regards vers Dieu pour le remercier. Car c'est lui qui vous a donné l'intelligence, c'est lui qui a soutenu votre courage, c'est lui qui vous a donné vos succès. Si Dieu ne bâtit une maison, c'est en vain que travaillent ceux qui la construisent. Si Dieu ne garde une cité, c'est en vain que veille celui qui la garde. Si Dieu n'envoie la pluie du ciel et le rayon du soleil, c'est en vain que le laboureur se fatigue à fendre la terre et à ensemencer les sillons. Il est donc vrai, pour vous comme pour les saints, que lorsque vos mérites sont couronnés, ce sont aussi les dons de Dieu que l'on couronne.

Je me souviens de David alors qu'adolescent il avait remporté une merveilleuse victoire sur le géant Goliath, et l'avait terrassé. Modeste au sein de la victoire, le jeune vainqueur rapportait à Jéhovah tout l'honneur de cette grande journée. Il chantait sur sa harpe ce cantique de reconnaissance : « Béni soit le Seigneur mon Dieu qui a dirigé dans le combat mes mains inexpérimentées et donné la force à mes doigts débiles. Jéhovah fut mon protecteur; c'est en lui seul que reposait mon espérance ; c'est lui qui fait retentir aujourd'hui mon nom parmi les acclamations populaires. Mais, Seigneur, qu'est-ce donc que l'homme pour que votre regard s'abaisse jusqu'à lui ? Qu'est-ce donc que ce faible enfant pour que vous l'honoriez d'un regard de votre cœur ? »

C'est ce sentiment de juste reconnaissance qui a fait établir, dans plusieurs écoles, la touchante coutume d'aller, après la distribution des prix, déposer les couronnes devant l'autel du très Saint-Sacrement ou au pied de la statue de la sainte Vierge. Chacune des onze années que j'eus le bonheur d'être aumônier, j'étais toujours ému quand je voyais mes élèves, dans leur blanc costume, le visage tout rayonnant de joie par la perspective des vacances et par les récompenses obtenues, venir l'une après l'autre devant la statue de Marie, pendant que toutes chantaient en chœur :

> Vierge, reçois cette couronne :
> Fais qu'elle soit le gage heureux
> De celle qu'auprès de ton trône
> Tu nous réserves dans les cieux.

C'est que, voyez-vous, mes chères Enfants (et c'est par là que je termine), il est naturel aussi que la distribution des prix qui clôt les travaux de l'année scolaire, fasse penser à une autre distribution, et plus importante et plus solennelle, qui viendra clore la série des siècles. Quelle assemblée ! Les Anges de Dieu, la Vierge Marie, toutes les créatures humaines qui se seront succédé à l'existence pendant toute la durée de l'univers, réunis ensemble. Quelle assemblée ! quel président ! le Fils de Dieu, Notre-Seigneur, Jésus-Christ, sa croix à la main, porté sur les nuées et environné de puissance et de majesté.

Quelle honte pour ceux qui n'auront rien mérité ! Que dis-je ? Quel châtiment ! car n'avoir rien mérité, c'est s'être condamné : l'arbre qui ne porte pas de bons fruits sera coupé et jeté au feu. Et si, à la distribution des prix dans un Pensionnat, les paresseuses sont humiliées, que sera-ce en ce grand jour, en face du ciel et de la terre assemblés ?

Mais, à côté, quelle récompense ! quelle gloire ! Être loué, être loué par Dieu ; être loué par Dieu en présence de tout l'univers qui applaudira ! Quelle couronne et quel prix : voir Dieu, aimer Dieu, posséder Dieu, et pour toujours, sans crainte de le perdre jamais ! Car l'épreuve sera terminée, pour ne plus recommencer... Sur les mondes détruits le temps aura pris fin, et ce sera l'éternité.

XXIX

LES VACANCES

MES CHÈRES ENFANTS,

Il est un usage cher aux élèves. Chaque année, après dix mois d'études, les portes des maisons d'éducation s'ouvrent ; et les enfants, comme de joyeux oiseaux, s'envolent au pays des vacances.

Les vacances ! Nom plein de magie ! Il réveille tout un monde de souvenirs, il promet tout un monde de jouissances : séjour dans la famille, longues heures de repos, promenades plus nombreuses, liberté plus entière.

Je suis sûr que même vos maîtresses se rappellent, en ce moment, leurs joies enfantines lorsque, à votre âge, franchissant le seuil du Pensionnat, elles lui disaient adieu pour deux mois.

Ah ! si jamais on parlait de supprimer les vacances,

je crois que ces chères menacées trouveraient en vous d'éloquents défenseurs.

Eh bien ! voulez vous que je vous dise ce que je pense ?... C'est que vous auriez grandement raison. Car les vacances ont des avantages de plus d'une sorte.

On ne peut pas toujours travailler. Lorsque Dieu condamna l'homme au travail, en punition de son péché, il lui fit entrevoir aussitôt le moment du repos : « Vous travaillerez six jours et, le septième, vous vous reposerez. »

C'est une vraie nécessité pour l'esprit, aussi bien que pour le corps. L'évangéliste saint Jean, comme je vous l'ai déjà raconté, en savait quelque chose. Il avait une perdrix qu'il tenait sur son poing et qu'il caressait. Un chasseur l'ayant vu lui demanda pourquoi, étant homme de telle qualité, il passait le temps en chose si basse et si vile, et saint Jean lui dit : « Pourquoi ne portes-tu pas ton arc toujours tendu ? — De peur, répondit le chasseur, que, demeurant toujours courbé, il ne perde la force de se tendre quand il sera besoin. — Ne t'étonne pas donc, répliqua l'apôtre, si je me démets quelque peu de la rigueur et attention de mon esprit, pour prendre un peu de récréation, afin de m'employer par après plus vivement à la contemplation. »

L'esprit ne peut pas être toujours occupé à des choses sérieuses ; l'arc ne peut pas être toujours tendu. C'est pour cela qu'avec un soin maternel vos maîtresses ont su vous ménager, chaque jour, après les heures d'étude, des moments de récréation ; chaque semaine, vous avez votre jeudi ; chaque année, vous avez deux mois de vacances.

Comme donc l'ouvrier chrétien entrevoit le dimanche au bout de sa semaine de labeur, la jeune pensionnaire, au terme de cette autre semaine de travail qui s'appelle l'année scolaire, entrevoit les vacances comme un autre dimanche gai et joyeux.

On a souvent comparé l'éducation à la culture. Or il est reconnu par les agronomes qu'il faut de temps en temps laisser le champ se reposer afin qu'il rapporte ensuite davantage.

Toutefois, entendons-nous bien. Un repos ennuyeux, ce n'est pas ce qu'on se propose. Or, j'ai quelque raison de craindre que, en dépit de vos efforts, vos vacances, bien avant d'avoir atteint le commencement du mois de septembre, ne perdent un peu du charme des premiers jours. Parfois ne trouve-t-on pas, le soir de vos grands congés, quelques-unes d'entre vous fatiguées, commençant à s'ennuyer ? Que sera-ce donc quand ce congé doit durer soixante-dix jours !

Un repos nuisible à votre intelligence, ce n'est pas non plus ce que vous voulez. Or, ce que vous avez appris, vous ne l'avez pas gravé sur du bronze, mais dans vos jeunes esprits, c'est-à-dire sur un terrain mouvant comme du sable. Si, pendant deux mois, le souffle du temps passe dessus, l'empreinte court bien risque d'être un peu effacée. Ce sont de petites conquêtes ; mais l'oubli, ce terrible ennemi, est là tout prêt à vous dérober le fruit de vos efforts, et l'on a vu des enfants, après deux mois de vacances, avoir perdu beaucoup de ce qu'on leur avait enseigné.

Un repos nuisible à votre âme, ce n'est certes pas ce que vous voulez. Or, mes Enfants, à votre âge, l'imagination est vive, elle a besoin d'être occupée, et c'est surtout à la jeunesse qu'il est vrai d'appliquer le proverbe : Qui ne fait rien, n'est pas loin de mal faire.

Pour remédier à ces inconvénients : je ne vois qu'un moyen, c'est de mêler, à petite dose sans doute, mais de mêler à vos vacances cet ingrédient qu'on nomme le travail. Je fixerai la dose, pour les plus difficiles, à une heure le matin et une heure dans l'après-midi. Par là vos vacances auront plus de charme. « Boire toujours du vin ou boire toujours de l'eau fatigue, dit l'Écriture ; mais rien de plus agréable que l'alternative de l'un et de l'autre. » Je vous dirai semblablement : Se livrer toujours au travail ou se livrer toujours au repos est une fatigue ; mais rien de plus agréable que l'alternative de l'un et de l'autre.

Par là vous conserverez ce que vous avez appris. Vos deux heures de travail par jour seront comme deux sentinelles placées aux portes de votre esprit et qui sauront, fidèles à leur consigne, dire aux petites sciences que vous avez acquises et qui voudraient s'échapper : Mesdemoiselles, on ne sort pas.

Votre cœur sera plus calme, car le travail est un puissant moyen de mettre le démon en fuite. « Le travail, a dit Mme de Bassanville, est le bouclier des femmes et des jeunes filles. » Le bouclier protégeait principalement la tête et la poitrine du guerrier. Le travail protège la tête contre les écarts de l'imagination et le cœur contre les assauts des tentations.

Utiles à l'esprit pour lequel elles sont un temps de repos, les vacances sont utiles au cœur et sont pour lui un temps de douces jouissances.

Vous avez trouvé au Pensionnat des soins, un dévouement, un amour qui ont répandu du bonheur sur vos dix mois d'études ; vos maîtresses ont compris sans peine que le premier besoin de l'enfant est d'aimer et de se sentir aimé, et alors elles se sont penchées vers vous, elles se sont identifiées avec vous, partageant vos joies et vos tristesses, vos espérances et vos craintes, vous prodiguant leur temps, leurs efforts, le fruit de leurs études. Vous avez senti qu'ici on vous aimait, et qu'à votre tour vous pouviez aimer. C'est ce qui fait un des grands charmes de nos années de collège ou de pensionnat ; c'est ce qui nous y ramène avec tant de bonheur. Lorsque, après des années, nous retournons dans ces lieux témoins des émotions de notre enfance, il se forme autour de nous comme un cortège de nos joies premières ; nous revoyons la douce image de cette existence pleine de gracieux épanouissement, couverte de roses presque sans épines ; nous retrouvons le souvenir de ce qu'a si bien chanté Virgile, le souvenir d'un repos plein de sécurité et d'une vie qui n'a jamais su tromper ; nous comprenons que la première aube du jour a une fraîcheur que rien ne remplace plus. Mais, au milieu de toutes ces pensées qui se pressent autour de notre cœur, il en est une qui ne saurait être absente : là nous aimions et nous étions aimés, là se trouvaient des cœurs dont nous étions les hôtes toujours parfaitement accueillis.

Toutefois, il y a un premier nid d'amour où vous fûtes reçues bien avant de connaître le Pensionnat. Il y a quelque part un lieu béni où Dieu a réuni tout ce qu'il peut y avoir de plus doux, de plus sacré sur terre : un père, une mère, des frères, des sœurs. Comme l'aiguille aimantée se tourne vers le nord, l'enfant, à tout âge, se tourne vers ces chers objets de son affection. Près de ces cœurs il fait si bon sentir battre son cœur !... Les travaux de l'année vous tiennent loin de vos familles ; n'est-il pas juste que vos vacances vous y ramènent et donnent cette douce satisfaction à vos cœurs ?

Mais, pour que ces jouissances du cœur soient vraiment goûtées, il faut, à l'égard du père et de la mère, une obéissance prompte et inaltérable, de façon qu'ils n'aient pas à sévir et ne soient pas tentés de trouver long le temps que vous passez près d'eux. Il faut avec les frères et les sœurs une entente cordiale qui ne se démente jamais. Louis XIV, parlant de deux dames trop fameuses, disait : « Il m'en coûte plus pour maintenir ces deux femmes en bon accord que pour pacifier l'Europe. » Il est des familles où deux enfants donnent plus de tablature aux parents que toutes les autres affaires à la fois. Il semble que ces

enfants aient juré de donner un formel démenti à
cette phrase devenue proverbiale : s'entendre comme
rère et sœur.

Rien de plus désagréable qu'une maison dont la
toiture disjointe laisse passer l'eau ; on est bien tenté
et même forcé de déloger. C'est de cette comparaison
que se sert l'Ecriture : « la femme querelleuse est
semblable à un toit d'où l'eau dégoutte sans cesse. »
Enfants, ne lui soyez pas semblables, vous rendriez la
maison inhabitable.

Les vacances ont un troisième et précieux avan-
age : c'est d'être un apprentissage de la vie, telle
que vous aurez à la mener plus tard dans le monde.

Ici votre vie est réglée jusqu'en ses moindres détails. Vous vous levez, mais la cloche vous a dit : Il
est l'heure de quitter votre couche. Vous vous donnez
les soins de propreté, vous travaillez à votre toilette,
mais vous n'y pouvez consacrer que le temps fixé par
le règlement. Vous faites vos prières, vous assistez à
la sainte Messe, vous étudiez, vous prenez vos repas ;
mais la règle a tout prévu. Votre vie, c'est le wagon
posé sur les rails, il n'a qu'à se laisser tirer par la
locomotive qui est le règlement. Mais, en vacances,
vous vous appartenez davantage, vous avez à faire
l'essai de votre liberté. Comment vous en acquitte-
rez-vous?

Un des défauts les plus communs et les plus dangereux est de laisser aller sa vie à l'aventure, de prendre ou de quitter les occupations par caprice. Tout

souffre alors : l'âme d'abord, qui n'apprend pas à se commander et à faire un sacrifice ; les affaires ensuite parce qu'elles sont négligées ou faites à contre-temps. Il faut donc vous accoutumer de bonne heure à mettre chaque chose à sa place. Voyez un appartement où tout est en ordre, l'œil est charmé. Voyez un salon : si riches que soient les meubles, l'œil est choqué si tout est pêle-mêle. Ainsi de la vie, elle est belle ou laide suivant que l'ordre ou le désordre y règne.

Pendant le cours de l'année on a essayé de vous inculquer les heureuses habitudes d'ordre, de vie réglée. Maintenant on va voir si vous savez mettre ces leçons en pratique.

Pour réussir, je vous conseille de vous tracer, chacune, un petit règlement, y notant principalement l'heure du lever, les moments du travail, puis de vous mettre à suivre ce petit règlement dès les premiers jours des vacances. Les commencements ont, en toutes choses, une très grande importance.

Surtout il est nécessaire que vous fassiez l'apprentissage d'une vie chrétienne et pieuse au milieu du monde·

La piété doit être la compagne de tous les âges. Elle rencontre des obstacles : tantôt, c'est l'indifférence du milieu où l'on vit, tantôt une opposition systématique et méchante. Il faut cependant, en dépit des obstacles, que l'on trouve le moyen d'être fidèle à Dieu. Eh bien : deux fêtes vont se présenter pendant vos vacances : la grande fête du triomphe de Marie, le 15 août, et la fête délicieuse de sa Nativité, le 8 septembre. Il sera convenu que vous vous confesserez et qu'en ces jours vous recevrez la sainte communion, que toutes, quoique séparées par la distance, vous vous trouverez réunies par la participation au même sacrement. Un peu de bonne volonté, un peu de tact, beaucoup de franchise, car je tiens à ce que vous ne vous cachiez pas de vos parents pour accomplir ces grands actes, et je vous promets le succès.

Parfois, par une belle journée, on voit sortir des ports des barques légères ; de loin on les prendrait pour des oiseaux qui, les ailes étendues, se promènent sur la plaine liquide. Elles fendent l'eau rapidement tandis que leurs voiles flottent au vent et que les passagers qui les montent jettent aux échos d'alentour leur gais refrains. Mes Enfants, vous m'apparaissez comme de légères et gracieuses nacelles : tout s'apprête pour le départ, le vent est bon, la dernière amarre va être lâchée et vous allez commencer joyeusement votre course. Mais, nacelles chéries, pour qu'il n'y ait pas de naufrage, il vous faut un lest qui vous empêche d'être trop agitées par la vague, c'est le travail ; il vous faut un gouvernail pour vous diriger, c'est un règlement ; l'obéissance parfaite, une douce cordialité seront votre solide mâture ; vous aurez pour étoile celle que vous saluez chaque jour sous le titre de Notre-Dame du Pensionnat. Ce matin vous avez reçu à votre bord un habile pilote, Jésus, le Dieu caché de l'Eucharistie. Partez donc sans crainte et que le souffle du bonheur enfle vos voiles. C'est ce que je vous désire en vous bénissant.

XXX

LA SORTIE DU PENSIONNAT

Mes chères Enfants,

Encore quelques jours et vous aurez dit adieu à ces
lieux bénis qui ont abrité les années heureuses de
votre enfance, et dans lesquels, sous la conduite de
maîtresses dévouées, vous avez étudié les sciences
humaines et vous vous êtes formées à la vertu. Bientôt sonnera l'heure du départ. Un autre genre de vie
va commencer pour vous. Je voudrais vous prémunir
contre les dangers qui vous attendent, vous donner
des conseils, et, pour que ces conseils revêtent une
forme qui vous les rende plus agréables à écouter et
plus faciles à retenir, je me servirai d'un fait dont
nous trouvons le récit au livre de Judith.

Instruites comme vous l'êtes, vous savez sans aucun doute qu'Holopherne, général de Nabuchodono-
sor, ayant réuni des soldats nombreux, leur proposa

la conquête de tous les royaumes voisins de l'Assyrie. Ils se mirent en marche, traînant leurs chariots et ayant leur général à leur tête. La Bible nous apprend que les guerriers habiles à manier l'arc, les cavaliers et leurs coursiers étaient en si grand nombre qu'ils couvraient la terre comme une nuée de sauterelles.

Tel m'apparaît Satan. Chassé du ciel en punition de son orgueil, le cœur plein de rage, il réunit ses légions infernales et leur propose la conquête des âmes, de ces âmes que Dieu a créées, qu'il a rachetées au prix de son sang et qu'il destine à occuper un jour les trônes laissés vacants par la chute des mauvais anges. Et ces légions maudites se répandent sur la terre. Les saintes Écritures nous les représentent pénétrant partout et remplissant même l'air que nous respirons.

Holopherne et sa troupe marchent de victoires en victoires. Les villes, les citadelles, les places fortifiées tombent bientôt en leur pouvoir.

Que de victoires aussi ont été remportées par Satan ! Depuis le jour malheureux où il triompha de nos premiers parents dans le paradis terrestre jusqu'à l'heure présente, que d'âmes ont été vaincues par lui ! Il est même des contrées entières qui lui appartiennent, et où, par l'idolâtrie, il se fait dresser des autels et offrir des sacrifices.

Et voici que de toutes les villes et de toutes les provinces de Syrie, de Mésopotamie, de Libye, de Cilicie, les rois et les princes envoient leurs députés pour dire au vainqueur : « Tout est à vous : nos villes, nos montagnes, nos collines, nos champs, nos troupeaux, nos richesses, nos familles. Nos enfants et nous, nous sommes vos serviteurs. Venez à nous comme un roi pacifique, et servez-vous de nous comme il vous plaira. » Et les habitants de toutes les villes, les princes et les rois et les peuples sortaient au-devant de lui, ils le recevaient avec des couronnes sur la tête et des flambeaux à la main, et ils dansaient en s'accompagnant de leur voix et du son des instruments de musique.

Tel est, mes chères Enfants, le triste spectacle qu'offre le monde et que vous contemplerez bientôt. Avec une légèreté sans nom, et comme si elles ignoraient les intentions hostiles de Satan et ne se doutaient point du sort qui les attend; les âmes courent au-devant de la servitude et vont se donner au démon. Le luxe qui dépasse toutes les bornes, les bals, les théâtres, les spectacles où se précipite la société contemporaine, toute cette réunion de plaisirs légers, vains et futiles qui compose la vie de tant de gens de nos jours, ne rappellent-ils pas ces peuples sortant au-devant d'Holopherne, couronnes en tête, et chantant, et dansant, et s'accompagnant du son des instruments de musique ?

Pourtant, qu'y gagnaient ces peuples et quel avantage trouvaient-ils ? La Bible nous dit : Rien ne put adoucir le cœur du farouche Holopherne : il fit renverser les murailles, couper les arbres, incendier les moissons.

Et qui pourra jamais peindre dans toute sa réalité

le tableau navrant des ravages que le démon exerce dans les âmes? Moissons incendiées, arbres déracinés, murailles renversées de fond en comble, vous n'en êtes qu'une pâle image.

Holopherne ne s'arrêtait pas en si beau chemin. Il prenait dans chaque ville conquise les hommes les plus vigoureux et les plus adroits, puis il les enrôlait dans son armée et s'en faisait ainsi des auxiliaires.

Le démon agit de même. Dans chaque ville, dans chaque quartier, il a des personnes enrôlées sous ses drapeaux et qui travaillent pour lui : ce sont celles qui, par leurs conversations légères, leurs conseils mauvais, l'entraînement de leurs funestes exemples, étendent de plus en plus les détestables limites de l'empire du mal.

Ne trouverons-nous donc personne qui résiste à cet insolent vainqueur? Oui, grâce à Dieu, il y aura une ville imprenable pour Holopherne. Cette ville, c'est Béthulie.

Certes, ce n'est pas que le général ennemi n'ait pas pris toutes les précautions nécessaires pour remporter une victoire signalée. Quel siège formidable !

Holopherne a garni tous les sommets d'alentour avec des troupes jeunes, choisies, dociles. Lui-même en fait le tour pour s'assurer que chacun remplit son devoir. Il commande qu'on coupe l'aqueduc dont les eaux coulaient du côté du midi vers la ville assiégée ; et, comme les malheureux habitants s'exposaient à mille dangers pour puiser un peu d'eau aux fontaines placées près de leurs murailles, il met des gardes pour empêcher d'en approcher.

Mais qu'importent tant de précautions prises ! Béthulie renferme une femme qui déjouera les projets de cet ennemi cruel. Vous avez déjà nommé Judith.

Qu'est-il besoin que je vous raconte l'histoire de cette héroïne ? Elle se rend au camp d'Holopherne, et là, une nuit, alors que le général assyrien dormait d'un profond sommeil où l'avait plongé l'excès du vin, elle s'approche du lit, détache le sabre qui y était suspendu, le tire du fourreau, et, prenant Holopherne par la chevelure : « Seigneur Dieu, dit-elle, soutenez-moi en ce moment. » Elle frappe deux fois et sépare la tête du tronc qu'elle laisse étendu à terre. Elle sort peu après, donne à sa servante la tête d'Holopherne, lui commandant de la cacher dans le sac où elles avaient apporté leurs provisions. Toutes deux s'en vont comme pour prier à l'ordinaire, traversent le camp, tournent le long de la vallée et arrivent aux portes de leur patrie. Béthulie était sauvée ; et ses habitants faisaient, le lendemain, un horrible carnage des soldats d'Holopherne.

J'ai la douce confiance que chacune de vos âmes, mes chères Enfants, sera une Béthulie à laquelle le démon ne pourra pas toucher. Pour cela il faut que chacune d'entre vous soit une Judith.

Comment Judith a-t-elle préparé et assuré sa victoire ?

Judith *a prié*. — Retirée dans le secret de sa

maison, prosternée devant Dieu, elle a répandu son âme en sa présence. « Seigneur mon Dieu, disait-elle, assistez, je vous prie, une veuve désolée. Regardez le camp assyrien comme vous avez regardé autrefois le camp des Égyptiens lorsqu'ils poursuivaient en armes vos serviteurs et qu'ils se fiaient à leurs chars et à leur cavalerie et à la multitude de leurs guerriers. Levez votre bras comme vous l'avez déjà fait, et brisez leurs forces par votre force. Tombent sous votre colère ceux qui se promettent de violer votre sanctuaire, de souiller le tabernacle de votre nom et d'abattre de leurs glaives la majesté de votre autel. »

Faites quelque chose de semblable. Dans les jours qui précèdent votre sortie du Pensionnat, prosternez-vous devant Dieu dans la prière, aimez à vous rendre à la chapelle, demandez au Seigneur de ne pas permettre que vous vous laissiez entraîner par la séduction. Et même pour être plus sûres d'être exaucées, mettez en vous Jésus-Christ par une communion fervente afin que, du milieu de votre cœur, s'unissant à votre voix, sa voix s'élève vers le ciel, cette voix que Dieu écoute toujours parce qu'elle est celle de son Fils bien-aimé. Mais cette prière ne saurait suffire, il la faudra renouveler chaque jour, comme Judith, que la Bible nous représente sortant la nuit et le jour pour la prière et pour implorer le Seigneur. Abandonner la prière, surtout au milieu du monde, c'est se vouer fatalement à la ruine.

Judith *s'est mortifiée;* elle s'est couverte d'un cilice, elle a répandu la cendre sur sa tête, elle a jeûné.

La mortification, sous quelque forme qu'elle se présente, est indispensable à quiconque veut ne pas demeurer vulgaire dans la vertu et même à quiconque veut persévérer. Si, de nos jours, les chutes sont si fréquentes, s'il y a tant de jeunes filles qui étonnent par la facilité avec laquelle elles abandonnent Dieu, c'est qu'elles n'ont pas su faire à leurs âmes un tempérament vigoureux en les trempant dans la souffrance, dans le sacrifice, dans la mortification. Quand on est habitué à ne se rien défendre de ce qui est permis, on est tout près de se permettre ce qui est défendu.

D'ailleurs, qui est assuré contre la tentation ? Elle peut arriver brusquement comme l'ouragan, et il est des cas où l'on ne saurait être certain d'en triompher que par la souffrance volontairement imposée. La tentation est une sollicitation à un plaisir défendu. Pour la combattre et être plus sûr d'en triompher, il ne suffit pas de lui dire : « Non, » il faut lui opposer immédiatement son contraire, la souffrance. Par le péché vous êtes attirées à gauche, si je puis ainsi parler ; par la souffrance tournez-vous résolument à droite. C'est la méthode qu'ont employée les saints, c'est celle que nous a indiquée Jésus-Christ quand il nous parle du jeûne qui est, après tout, une souffrance, comme un moyen de chasser les démons.

Observez donc scrupuleusement les abstinences commandées par l'Église ; ne prolongez pas sans nécessité votre sommeil le matin ; commencez votre journée par ce premier sacrifice, faites-en quelques autres dans le courant du jour ; imposez-vous quelques heures de travail, et le travail coûte à notre nature. Les fleurs du Calvaire croissent partout : il ne tient qu'à nous de les cueillir et de nous en tresser une couronne qui rappellera que nous sommes les disciples de Jésus couronné d'épines.

Pour ne pas être contrainte de toucher aux viandes des idolâtres et que sa loi lui interdisait, Judith *a emporté avec elle les provisions dont elle avait besoin :* un vase plein de vin, un autre plein d'huile, de la farine, des figues et du pain. Et, quand Holopherne lui offrira les mets de sa table, Judith répondra : « Je ne puis pas manger tout ce que vous voulez qu'on me donne, mais je mangerai la nourriture que j'ai apportée pour moi. »

Mes chères Enfants, il faut un aliment pour les facultés de votre âme. Prenez celui qui se prépare dans le camp du peuple de Dieu, et non celui que l'on trouve sous la tente d'Holopherne.

A votre esprit il faut un aliment. Vous le trouverez dans l'étude continuée et développée des sciences qui vous ont été enseignées par vos maîtresses. N'abandonnez ni l'histoire, ni la littérature, ni les sciences naturelles ; autrement, vous oublieriez vite ce que vous avez appris, durant vos années de l'ensionnat, au prix de tant de peines. Et puis, il faut bien le dire, votre instruction n'est qu'ébauchée, il faut l'achever ; vous n'avez guère appris que l'art d'apprendre, il faut en faire usage ; votre bagage n'est pas lourd, il faut l'augmenter ; votre fortune scientifique et littéraire est petite, il faut l'accroître.

Sans étude, les forces de l'esprit s'en vont comme les forces du corps sans nourriture matérielle.

L'aliment de votre esprit, vous le trouverez dans des lectures sérieuses, faites dans des livres recommandés par des personnes sages et capables de juger sainement. Mais n'allez pas le chercher dans ces publications frivoles dont la librairie moderne inonde les salons; n'allez pas le chercher dans les romans. Ce sont là des viandes offertes aux idoles et que la loi de Dieu vous défend de toucher.

Il faut un aliment à votre cœur. Sachez le trouver auprès de vos pères, de vos mères, de vos frères et de vos sœurs.

Il y a un malheur de notre temps qui fait pleurer bien des mères et qui est pour la société une grande menace : c'est, dans les enfants, et spécialement dans les jeunes gens, la diminution de l'attachement à la famille. Les enfants s'ennuient sous les yeux de leur père, et les caresses d'une mère ne les enchaînent plus. La maison paternelle leur pèse comme les murs d'un cachot pèsent au prisonnier. Leur cœur n'est plus là : ils n'aiment plus assez ce qui attache au foyer, le père, la mère, les frères, les sœurs, toutes les saintes joies, toutes les belles fêtes de la famille ! Hélas ! ils savent tout aimer, même l'orgie ; il y a un bonheur qu'ils n'aiment plus, celui d'être avec leurs parents et de les rendre heureux.

Oh ! prenez garde de ne pas vous laisser gagner par un tel mal. Puissiez-vous, mes chères Enfants, vous plaire toujours au foyer paternel, comme en un paradis de la terre ; aimer, comme vos meilleures joies, les bénédictions de vos pères, les caresses de vos mères, la société de vos frères et de vos sœurs ; vous attendrir sur tout ce qui touche à vos parents, pleurer de joie en les voyant heureux, et pleurer de tristesse en les voyant souffrir. Voilà le vrai aliment qu'il convient de donner à votre cœur.

Il faut, et je ne puis l'oublier, un aliment à votre piété. Emportez celui-là même auquel vous avez été habituées dans ce religieux asile: votre prière du matin et du soir, la récitation du chapelet, la lecture de piété, l'examen de conscience, la visite au Saint Sacrement, la confession et la sainte communion au moins une fois par mois.

De la sorte vous n'aurez nul besoin de toucher aux fausses joies du monde. Comme Judith vous pourrez dire : « Je ne puis manger ce que vous me présentez, mais je me nourrirai de ce que j'ai apporté avec moi. »

Judith avait triomphé. — Quand elle fut arrivée à Béthulie, le peuple alluma des flambeaux, publia les louanges de l'héroïne ; il chantait : « Le Seigneur vous a bénie dans sa force, par vous il a réduit nos ennemis à néant. » Ozias, prince du peuple, ajouta : « Vous êtes bénie entre toutes les femmes de la terre. Le Seigneur a fait votre nom si grand aujourd'hui que votre nom ne sortira point de la bouche des hommes, car vous n'avez point épargné votre vie en face des périls et des angoisses de votre peuple,

mais vous avez prévenu sa ruine devant Dieu. »
Et tout le peuple applaudit à ces louanges si méritées.

Le grand prêtre lui-même se rendit de Jérusalem à
Béthulie avec tous les anciens du peuple pour voir
Judith. Tous la bénirent d'une commune voix, en
disant : « Vous êtes la gloire de Jérusalem, vous
êtes la joie d'Israël, vous êtes l'honneur de votre
peuple, car vous avez agi avec un mâle courage et un
grand cœur ; la main de Dieu vous a fortifiée et vous
serez bénie à jamais. » Et tous les hommes, les
femmes, les jeunes gens et les jeunes filles tressail-
laient d'allégresse au son des harpes et des instruments de musique.

Ainsi, mes chères Enfants, quand vous reviendrez
de temps à autre visiter ces lieux où se sont écoulées
les heureuses années de votre enfance, vous rapporterez dans ces murs la même foi, la même piété, la
même joie, qui diront à tous que vous avez triomphé.
Vous pourrez répéter, après Judith, rentrant au milieu de son peuple : « Vive Dieu ! il m'a gardée, il n'a
pas permis que sa servante fût souillée, et il m'a ra-
menée sans aucune tache du péché, comblée de joie. »
Vos consciences vous applaudiront, vos maîtresses
vous féliciteront, et un jour, quand votre âme, arrivée à son dernier combat, aura remporté sa dernière
victoire, le grand prêtre, Jésus-Christ, descendra de
la Jérusalem céleste, avec tous les saints et les anges,
pour recevoir la nouvelle Judith. Ce sera la fête éternelle qui commencera pour ne plus finir. Amen.

TABLE DES MATIÈRES

POITIERS. — TYPOGRAPHIE OUDIN ET Cⁱᵉ.

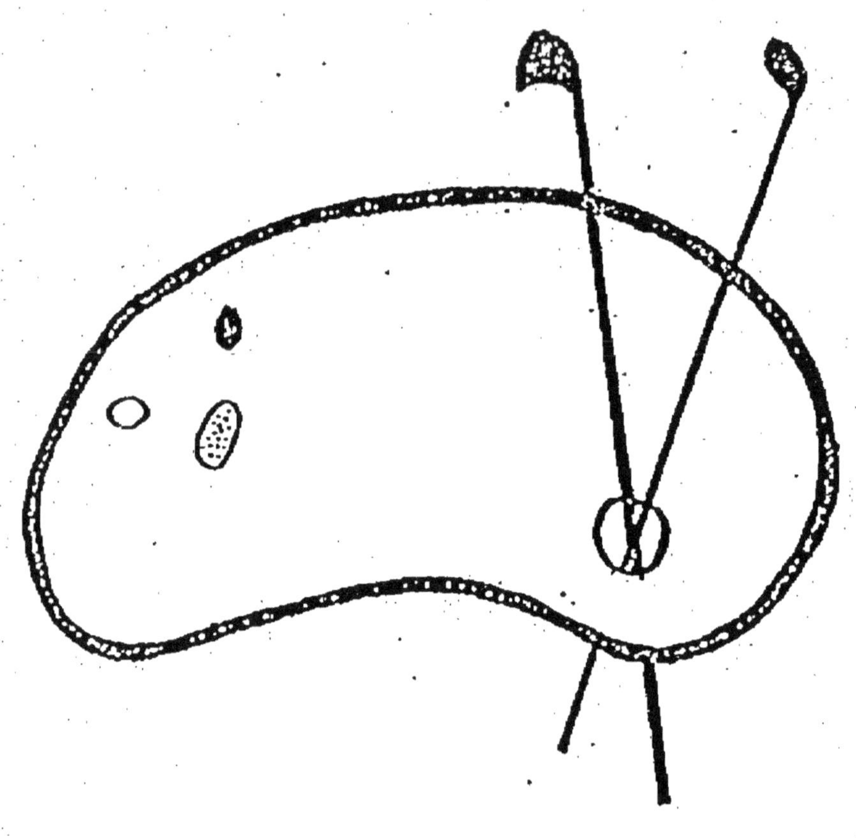

ORIGINAL EN COULEUR
NF Z 43-120-8